국어
1등급의 비밀

◆ **일러두기**

이 책에 등장하는 아이들의 이름은 모두 가명을 사용하였습니다.

국어
1등급의 비밀

초등부터 시작하는 단계별 국어 공부 로드맵

민태윤 지음

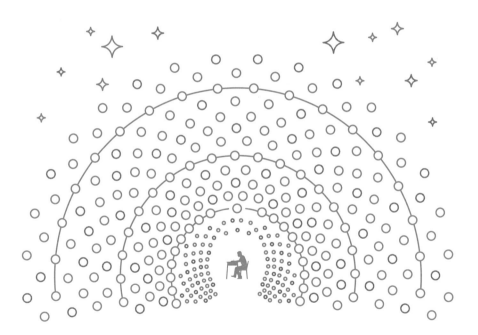

더블북

프롤로그

한때 제가 가르쳤던 학생 중에 지금은 세계적 스타가 된 가수의 데뷔 전 생각이 납니다. 이 학생은 어느 날 제가 맡은 반으로 전학 온 학생이었습니다. 당시 이 학생의 하루 일과는 그야말로 살인적이었지요. 학교 수업을 빠지지 않으려 노력하면서 데뷔 준비를 위한 강행군에 돌입했기 때문입니다. 그때 저는 학교 공부 시간이 부족한 이 학생에게 다른 공부는 몰라도 국어, 영어는 절대 놓지 말고 꾸준히 공부하라고 권유했습니다. 국어 실력은 가사를 쓰는데도 도움이 되고, 영어 실력은 글로벌 스타의 기본 자질이 된다는 점을 강조했습니다.

　전학 온 지 한 달쯤 되던 날, 저는 이 학생의 소속사를 방문했습니다. 어떻게 데뷔 준비를 하는지 궁금하고 제 나름대로 걱정도 되었기 때문입니다. 하지만 연습실에서 마주한 압도적인 아우라의 이 학생은 저의 걱정이 무색해짐과 동시에 깊은 안도를 넘어 경외감마저

들게 했습니다. 자신의 미래에 대한 강한 목표 정립과 기대에 찬 확신, 더불어 확고한 자기주도적 전략을 가진 사람이 풍기는 아우라는 스승과 제자 사이를 한순간에 스타와 팬 사이로 바꾸어 놓을 정도로 강력한 힘을 발휘했습니다.

제가 뜬금없이 세계적 스타가 된 이 학생과의 인연을 꺼낸 이유는 이 세계적 스타를 지금의 자리에 있게 한 원동력, 바로 자기주도성에 대해 이야기하고 싶어서입니다. 자기주도성이 얼마나 중요한지는 이미 수많은 미디어와 책을 통해 자주 접하셨고 잘 알고 계실 겁니다. 그럼에도 불구하고 제가 또 언급하는 이유는, 아이의 학습법에 있어 수없이 강조해도 지나침이 없는 절대불변의 법칙이기 때문입니다. 이 학생의 성공 요인 역시 자기주도성에 있다고 말할 수 있습니다. 이 학생이 지녔던 강한 목표 의식과 자기주도적 행보를 가까이에서 지켜보며 얻은 결론입니다.

그렇다면 우리 아이가 강한 목표 의식과 자기주도성만 확립되면 어떤 일이 벌어질까요? 이론적으로 잘 알고 계시죠? 공부하라는 잔소리를 하지 않아도 알아서 척척 공부하는 아이를 흐뭇하게 바라보게 되실 겁니다.

자기주도 학습법이 정답입니다.

그럼 자기주도 학습이 왜 필수불가결이라고 하는지 조금 더 알아볼까요?

자기주도적 학습 습관은 우리 아이의 공부를 꾸준히 지속하게 하는 힘으로 작용합니다. 스스로 세운 전략으로 이루어냈다는 성취의 즐거움을 한 번 맛보면, 더 큰 성취감을 얻으려는 본능이 자연스레 다음 학습으로 이어주기 때문입니다.

부모님의 일방적인 공부 강요는 그 효과가 오래 가지 못한다는 것을 우리는 이미 경험을 통해 너무나 잘 알고 있습니다. 우리 아이 학원 스케줄을 어떻게 짤까에 대한 고민보다 우리 아이 자기주도적 학습 습관을 어떻게 갖게 할 수 있을까에 대한 진지한 고민을 먼저 하셔야 합니다. 우리 아이가 제대로 된 진짜 공부를 하도록 이끌어줄 사람은 학원 선생님이 아닌 결국 부모입니다. 이 책을 통해 우리 아이가 자기주도적 학습 습관을 갖게 하는 실마리를 찾아가시기 바랍니다.

우리 아이 국어 공부 어떻게 해야 하나요?

이는 제가 교육 현장에서 학부모님들과의 상담에서 수시로 받는 질문입니다. 사실 대부분의 학부모님들은 국어의 중요성은 인식하면서 정작 아이의 국어 공부에 대한 이렇다 할 지식은 부족한 것이 현실입니다. 그런데 간혹 국어가 중요하다는 사실 조차 인식하지 못하고 영어와 수학 조기교육 및 선행학습에만 열을 올리는 부모도 있습니다. 그럼 국어 공부가 왜 그렇게 중요하다고 강조하는지 이유를 알아볼까요?

외국어를 제외하고 우리 아이가 학교에서 공부하는 모든 교과목은 국어로 되어있습니다. 교과목 공부를 위해 일차적으로 국어 이해 능력이 요구되는 것이지요. 국어 교과에는 순수한 문학만 있는 것이 아니라 인문, 사회, 과학, 예술, 기술 등 전 영역에 걸친 내용이 들어 있습니다. 특히 수능 국어 시대가 되면서 국어의 영역은 점점 폭넓고 깊은 독해 능력을 요구하게 되었습니다.

국어 공부를 통해 얻게 되는 능력은 이해력, 표현력, 비판력, 창의력입니다. 이것은 다른 교과목 공부의 바탕이 되는 능력입니다. 영어, 수학만 열심히 해서 다른 과목까지 자연스럽게 잘하는 아이는 본 적이 없습니다. 하지만 국어를 잘하는 아이는 월등한 이해력을 바탕으로 자신감을 얻어 많은 과목에 우수한 성과를 나타내는 것을 흔하게 보았습니다.

이 책에는 모든 공부의 기본이 되는 국어 공부에 대한 학습팁이 단계적으로 제시되어 있습니다. 무조건 열심히 책을 많이 읽으면 된다는 식의 추상적인 말은 국어 공부에 전혀 도움이 되지 않습니다. 자녀 국어 공부의 큰 그림을 그린 후 단계별, 시기별로 잘 활용하시기 바랍니다.

국어 공부를 위해 독서를 어떻게 해야 할까요?

앞에서 언급했듯이 이제 국어는 문법이나 문학 작품 외에 인문, 사회, 자연 과학에 걸친 모든 영역이 총망라되어 있습니다. 우리 아이들이 국어 공부를 위해 읽어야 할 책도 많아졌습니다. 그런데 문제는 독서 시간이 절대적으로 부족하다는 것이지요. 그래서 중학교, 고등학교에 올라와서는 아예 독서를 하지 못하는 상황에 놓이게 됩니다. 과도한 선행학습과 n차 반복학습으로 교과목 공부할 시간도 모자라는 지경에 이르지요.

독서의 양과 국어 실력은 분명 상관관계가 있습니다. 중·고등학교에서는 특히 독서가 국어 실력에 큰 영향을 줍니다. 제가 경험한 바에 의하면 국어 1등급 받는 아이들 대부분은 지속적으로 독서를 하고 있었습니다. 국어 공부에 도움이 되도록 지혜롭게 독서를 한 것입니다. 책을 읽을 시간이 없다고 독서를 포기해서는 안 됩니다. 이 책에는 우리 아이의 국어 실력 향상을 위한 단계별 독서법이 제시되어 있습니다. 부모님과 아이가 나란히 앉아 책 읽는 모습을 기대해 봅니다.

단계별 국어 공부 로드맵? 있습니다!

국어 성적은 하루아침에 오르지 않는다든가, 해도 그만, 안 해도 그만이라든가, 한 만큼 성적이 나오지 않는다고들 말합니다. 그런데 이것은 틀린 말입니다. 왜냐하면 제대로 안 했기 때문입니다. 투자한 시간만큼 국어 성적이 나오지 않는 학생들의 특징을 살펴보면 오로지 공부를 위한 공부만 한 겁니다. 결국 시간만 낭비한 셈인데, 이는 공부 전략 부재의 결과입니다. 학년 단계에 맞는 국어 공부가 이루어지지 않은 것입니다.

　이 책에는 그동안 교육 현장에서 수많은 경험을 통해 축적한 국어 교육 노하우를 바탕으로 한 국어 공부 단계별 로드맵이 제시되어 있습니다. 부모님이 아이에게 부담 없이 가이드할 수 있도록 사례별로 쉽게 설명되어 있습니다. 단계별 국어 공부 로드맵을 적용하면 아이들이 기대한 성과를 얻으리라 확신합니다.

독해력이 왜 그렇게 중요하죠?

독해의 사전적 의미는 '글을 읽어서 뜻을 이해함'입니다. '어떻게 해야 글의 의미를 완전하게 파악할 수 있을까?' 이 물음에 대한 답 찾기 과정 안내가 이 책을 구성하는 중요한 줄기 중 하나입니다. 독해는 글을 읽고 의미를 이해하고 평가하는 유기적 읽기 과정 속에서 문제 해결력을 기르는 데 목적을 둡니다. 그래서 독해력이 바탕되지 않으면 모든 교과목에 대한 공부가 어려워질 수 있는 것이지요.

　이 책에서는 독해력 향상 방법과 문제 해결을 위한 솔루션이 제시됩니다. 또한 사고력 확장을 바탕으로 글이나 자료를 디테일하게 분석하고 종합해 의미를 완벽하게 이해할 수 있도록 안내했습니다.

　오스카상의 영예를 받은 우리 영화 〈기생충〉도 디테일의 종합으로 탄생한 결과물입니다. 글이나 자료 속에 숨겨진 디테일한 장치를 찾아내 의미를 종합적으로 이해하는 것은 그 무엇에 비할 수 없는 즐거운 지적 작업입니다. 독해력은 이를 가능하게 합니다. 아울러 문제 해결력에 결정적인 힘을 발휘하게 합니다. 이 책은 이러한 독해력 강화를 위한 길라잡이가 되고자 노력했습니다.

자녀를 위한 역량 있는 학부모가 되는 과정은 험난한 자갈밭을 지나는 쌉쌀한 여정일 수 있지만, 그 자갈밭을 성공적으로 지나면 달콤한 마시멜로가 기다리고 있으리라 믿습니다. 이 책의 흐름을 따라 자신만의 노하우를 구축하시기 바랍니다.

1부에서는 자기주도 학습의 중요성을 강조하고 공부에 영향을 주는 요소를 살펴본 뒤 공부 잘하는 아이들의 특징을 통해 공부에 임하는 바람직한 기본 자세를 제시했습니다. 아울러 자기주도적 학습 태도 기르는 방법을 사례 중심으로 제시했습니다.

2부에서는 초등 단계부터의 지속적인 국어 공부의 중요성을 강조하면서 수능 국어까지 이어지는 전략적 독서법을 학년별, 단계별로 제시했습니다. 또한 국어 1등급을 위한 독해력 향상법을 구체적으로 알기 쉽게 제시했습니다.

3부에서는 학년별 공부법과 국어 공부법, 온라인 학습법 및 국어 교재 선택 방법과 활용법을 구체적으로 제시했습니다.

그리고 각 부 내용과 관련하여 학부모님들이 궁금해하는 사항에 관한 답변을 상담 사례를 바탕으로 학습팁으로 정리하여 제시했습니다.

부록에서는 초등학교 학년별 교과목 연계 도서 목록과 중고등학교 추천 도서 목록을 제시했습니다.

마지막으로 부모가 부지런해야 우리 아이가 공부를 잘하게 된다는 사실을 기억하셨으면 합니다. 이 책은 사랑하는 자녀를 위해 언제나 노력하는 부모님을 위한 든든한 안내서 역할을 충실히 하겠습니다.

차례

2부 ✦ 공부의 중심, 국어 공부법

3장 국어 공부의 완성, 독해력

3부 ✦ 단계별 학습 로드맵

1장 학년별 초등 공부법

단계별 추천 도서 목록

1부

공부의 시작,
올바른 공부법

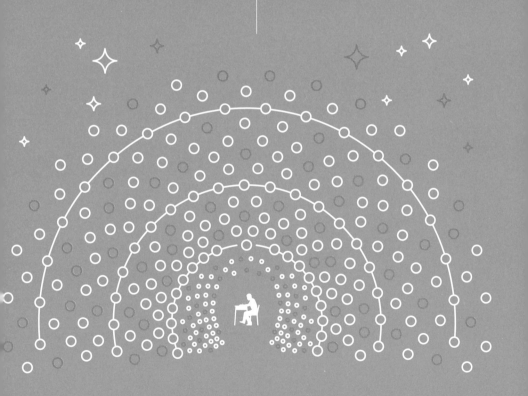

1장

◇

자기주도
학습법

우리 아이 공부 스스로 잘하고 있나요? 아이가 초등학교에 입학하면 숙제는 엄마 몫이라는 말이 공공연하게 떠돕니다. 아이가 숙제를 못 해 가면 행여 기죽지 않을까 노심초사하는 엄마는 바빠지기 시작합니다. 책상에 앉히기까지 힘겨운 씨름을 거쳐야 하고요. 일단 앉더라도 숙제를 마치기까지 엄마의 '참을 인(忍)' 자 새기기는 계속됩니다. 숙제뿐일까요? 필통 속 연필 깎기, 가방 챙기기, 학습 준비물까지 엄마가 아이 대신 다 해줍니다. 마치 엄마가 다시 학생이 된 듯합니다.

비단 숙제만이 아닙니다. 선생님과의 관계, 교우관계, 공부 고민도 아이보다 엄마가 더 많이 합니다. 그런데 문제는 아이 학년이 올라가면서 공부에 관해서는 엄마 주도가 점점 힘들어진다는 겁니다. 공부 내용도 차츰 어려워지지요. 엄마의 인내심과 역량 또한 한계에 이르게 됩니다. 그럼 어떻게 할까요? 네. 이때부터 엄마는 아이를 학원으로 보냅니다. 학원에 의존하게 되는 것이죠. 이렇게 아이의 학원 떠돌이 삶이 시작됩니다. 아이는 스스로 생각하고 자신의 일을 처리하는 습관이 들지 않은 채 학원으로 떠밀려 다닙니다. 결국 억지로 학원을 다니다 보면 공부가 더욱 재미없게 느껴지고 힘들어지는 악순환에 빠지게 됩니다.

어느 노예의 눈물

다음은 공교육과 사교육 현장 첫 수업에서 제가 학생들에게 자기주도적 공부의 중요성을 강조하기 위해 꺼내는 단골 일화입니다.

어느 농장에 충실한 노예가 있었습니다. 감자 수확 철이 되자 주인은 노예에게 말했습니다.
"내가 외출했다 돌아올 때까지 감자를 모두 캐 놓아라."
저녁 무렵 농장 주인이 돌아왔을 때 노예는 감자를 모두 캐 놓았습니다. 다음 날 농장 주인은 또 외출하면서 노예에게 말했습니다.
"오늘은 감자 묻을 구덩이를 파 놓아라."
주인이 귀가했을 때 노예는 주인의 명령대로 구덩이를 모두 파 놓았습니다. 그리고 다음 날 주인은 또 외출하면서 노예에게 말했습니다.
"내가 돌아올 때까지 큰 감자와 작은 감자를 구별해 놓아라."
주인이 농장에 도착했을 때 노예는 감자를 구별해 놓지 않은 채 눈물만 흘리고 있었습니다.

"어찌 된 일이야?"

주인은 다그쳐 물었습니다. 노예는 울먹이며 더듬더듬 말했습니다.

"주인님, 어떤 감자가 크고 어떤 감자가 작은 것인지 도저히 구별을 못 하겠습니다."

위 일화에서 노예는 주인이 시키는 단순 작업만 성공적으로 했을 뿐 자신의 판단을 필요로 하는 능동적 작업은 수행하지 못한 채 눈물을 흘리고 있습니다. 감자의 크기를 자기주도적으로 판단하는 역량의 부재가 실패의 설움을 드러낸 결정적 요인이었던 겁니다. 만약 주체적인 사람이라면 어땠을까요? 자신이 세운 기준대로 감자를 크기별로 분류하는 데 성공하고, 주인의 칭찬도 받았겠지요.

주체적인 사람과 노예의 차이는 바로 자기주도성 유무에 달려 있습니다. 우리 자녀가 일화 속 노예처럼 살아가길 바라는 부모는 아무도 없을 겁니다. 아이가 주체적인 사람이 되어 미션을 수월하게 해결하고 성취감을 맛보길 누구나 바라지요. 그러려면 아이가 자기주도적으로 공부하도록 부모가 이끌어주어야 합니다. 물론 쉬운 일은 아닙니다. 지속적인 노력이 수반되어야 겨우 이룰 수 있는 쌉쌀하고 기나긴 여정이지요. 그러나 포기하지 않고 전진하셔야 합니다. 자기주도적 학습 습관이 길러졌을 때 자녀의 공부는 이미 성공의 문으로 들어섰다고 믿으셔도 좋으니까요.

자녀가 공부를 못해서 걱정인가요? 공부를 못하는 것이 아니라 하지 않은 것뿐입니다. 공부량이 적기 때문에 당연히 성적이 잘 나올 리가 없는 거죠. 그럼 어떻게 해야 할까요? 자기주도적 학습 태도를 길러 주면 됩니다. 현명한 어부가 자식에게 직접 고기를 잡아다 주지 않고 고기 잡는 방법을 가르쳐 주듯이 말입니다. 자녀가 공부를 안 한다고 무조건 사교육에 맡기는 일은 공부를 더 못하는 아이로 만드는 일입니다. 스스로 공부하는 습관이 들지 않은 아이를 학원에 맡긴다고 하루아침에 스스로 공부할까요? 자기주도적 학습 태도를 어떻게 길러주느냐에 공부 성공의 승패가 달려 있습니다.

자기주도 학습의 정의

자기주도 학습은 스스로 학습 계획을 세워 실행하는 학습 태도를 의미합니다. 말은 쉬운데 실천이 항상 어렵지요. 자기주도 학습 태도는 공부의 지속을 가능하게 하는 결정적인 요인이기 때문에 중요합니다. 서울대 교육연구소는 다음과 같이 자기주도 학습을 정의합니다.

첫째, 학습자 스스로 계획한 학습(self-planned learning)입니다.
이는 곧 자기 스스로 학습 계획을 설계하는 것인데, 공부 잘하는 학생들이 공통적으로 보여주는 학습 태도입니다. 자신만의 학습 플래너를 작성해 공부에 활용하는 아이의 성과가 안 좋을 리가 없겠지요.

둘째, 학습자 스스로 자신의 학습 전략 수립, 적용 후 학습 결과의 평가 및 조절을 스스로 수행하는 학습입니다.
학습 전략을 수립하는 과정에서 자신의 장단점 및 특징을 반영하

24

고 학습 교정이 필요한 부분을 스스로 찾아내 자가 피드백을 하는 겁니다. 이 역시 공부 잘하는 학생들의 전형적인 특징 중 하나입니다.

셋째, 학습자 스스로 과제 선택, 해결 전략을 수립하고 이의 실현을 위한 다방면의 노력을 통해 이루어지는 학습입니다.

주어진 과제를 수동적으로 해결하는 것이 아니라 과제 선정부터 스스로 참여합니다. 해결 방안 역시 스스로 이끌어갑니다. 즉 모든 학습 주도권을 아이가 가지고 있는 것이지요. 이러한 과정에서 자기 주도적 학습자는 그렇지 않은 학습자에 비해 많은 것을 배우고 기억하게 됩니다.

공부 자립도 체크 리스트

그럼 지금 우리 자녀의 공부 자립도가 어느 단계에 있는지 진단해 보시길 권합니다. 자녀의 현재 공부 상황이 진단되어야 극복을 위한 실질적인 전략 수립이 가능하기 때문입니다. 다음에 제시되는 4가지 영역별 공부 자립도 체크 리스트를 통해 자녀의 공부 상황을 정밀하게 파악해 보시기 바랍니다.

1. 공부 자신감 관련 항목

	내용	전혀 아니다	대체로 아니다	대체로 그렇다	매우 그렇다
1	학교 수업 내용을 잘 이해할 수 있다.	1	2	3	4
2	친구들이 어려워하는 문제를 잘 풀 수 있다.	1	2	3	4
3	친구들보다 공부를 잘한다.	1	2	3	4
4	수업 내용을 스스로 복습할 수 있다.	1	2	3	4
5	친구들보다 공부 방법이 뛰어나다.	1	2	3	4
6	지속적으로 공부를 할 수 있다.	1	2	3	4
7	숙제를 잘하고 시험을 잘 볼 자신이 있다.	1	2	3	4
8	선생님 지시를 잘 이행할 수 있다.	1	2	3	4

점수 총합 :

(해석) 각 항목별 평균 점수

• 3점 이상: 자신의 공부 능력이 뛰어나다고 자신하며 자기주도적으로 공부를 이끌어 가는 학생
• 3점 이하: 자신의 공부에 대한 자신감이 결여된 학생

2. 공부 목표 인식 관련 항목

	내용	전혀 아니다	대체로 아니다	대체로 그렇다	매우 그렇다
1	학교 공부가 도움이 된다.	1	2	3	4
2	새 과목 공부를 열심히 한다.	1	2	3	4
3	수업 내용이 중요해서 열심히 한다.	1	2	3	4
4	수업 과목을 좋아한다.	1	2	3	4
5	공부 내용이 어려워도 배우는 것을 좋아한다.	1	2	3	4
6	선생님 수업 내용 공부가 중요하다.	1	2	3	4
7	수업 내용이 재미있다.	1	2	3	4
8	학교에서의 수업 내용 이해가 중요하다.	1	2	3	4
9	학교는 내 성장에 도움이 된다.	1	2	3	4

점수 총합 :

(해석) 각 항목별 평균 점수
- 3점 이상: 공부 이유를 정확히 인식하고 자신의 흥미 과목에 시간과 노력을 들이는 학생
- 3점 이하: 공부에 흥미를 못 느끼고 공부가 삶에 도움이 안 된다고 생각하는 학생

3. 공부 방법 전략 유무 관련 항목

	내용	전혀 아니다	대체로 아니다	대체로 그렇다	매우 그렇다
1	공부하기 전 방법을 먼저 생각한다.	1	2	3	4
2	공부 내용을 자신만의 방식으로 정리한다.	1	2	3	4
3	교과서, 정리 내용 노트를 반복 공부한다.	1	2	3	4
4	수업 내용을 반복 암기한다.	1	2	3	4
5	시험 전 노트 필기 내용을 쓰면서 공부한다.	1	2	3	4
6	공부할 내용을 미리 반복해서 말해 본다.	1	2	3	4
7	교과서, 노트 필기 내용, 참고서를 함께 본다.	1	2	3	4
8	공부 내용을 요약·정리해 본다.	1	2	3	4

점수 총합 :

(해석) 각 항목별 평균 점수
- 3점 이상: 자신만의 공부 전략이 있는 학생
- 3점 이하: 자신만의 공부 전략을 분명하게 수립하지 못한 학생

4. 공부 시간 계획 수립 및 자발적 실행 유무 관련 항목

	내용	전혀 아니다	대체로 아니다	대체로 그렇다	매우 그렇다
1	공부 시간 계획을 세워 잘 시행하고 있다.	1	2	3	4
2	공부 내용 재미를 따지지 않고 꾸준히 한다.	1	2	3	4
3	시간에 맞추어 매일 규칙적으로 공부한다.	1	2	3	4
4	규칙적인 식사와 수면, 적절한 운동을 병행한다.	1	2	3	4
5	공부 잔소리 듣기 전에 스스로 공부한다.	1	2	3	4

점수 총합:

(해석) **각 항목별 평균 점수**
- 3점 이상: 자기주도적 시간 계획과 공부 방법을 통해 좋은 성적을 얻는 학생
- 3점 이하: 자기주도적 시간 계획과 공부 방법의 부재로 성적이 낮은 학생

자기주도적 학습 태도 기르기

그럼 자기주도적 학습 태도를 길러주기 위해 무엇을 해야 할까요? 우선 왜 공부를 해야 하는지에 대한 이유를 아이의 성향을 고려해 거시적 시각에서 설명해 주어야 합니다. 무조건 공부만 하라는 식의 강요는 아이의 자기주도적 학습 태도를 길러줄 수 없을뿐더러 오히려 독으로 작용할 수 있습니다. 내가 왜 공부를 해야 하는지에 대한 탐색을 통해 인생 목표가 설정되고 이는 스스로에게 동기 부여가 되어 지속적으로 공부를 가능하게 합니다. 아이가 스스로 공부하는 습관이 들면 그때부터는 공부 잔소리가 필요 없습니다. 공부 잔소리 대신 오히려 공부만 하는 아이를 말려야 하는 상황이 될 수도 있습니다. 믿으실지 모르겠지만, 온종일 공부만 하는 아이가 걱정되어 상담을 요청하는 부모님도 있었답니다.

고등학교 3년 내내 전교 1등을 놓치지 않았던 준섭이는 서울대 의대에 합격했습니다. 모든 걸 스스로 알아서 하는 것으로 유명했던 학생이었습니다. 공부의 힘이 어디서 나왔을까요? 머리가 좋아서요? 아니면 사교육의 지원 때문에요? 아닙니다. 스스로 알아서 하는 습관 때문입니다. 제가 지켜본 준섭이는 늘 스스로 계획하고 실행하고 또 계획하고 실행하고, 시쳇말로 도장 깨기라도 하려는 듯이 자신의 공부 기록을 경신해 나갔습니다. 자기주도적 공부 습관의 힘이었죠.

부모님 말에 의하면 유아기 때부터 자기 방 정리를 하게 했고, 무

30

엇을 하든 반드시 계획을 세워 실천하게 했다고 합니다. 특히 초등학교 6년 내내 가장 중점을 둔 부분이 자기주도적 습관을 들이는 것이었습니다. 부모님은 준섭이가 스스로 계획을 세워 공부하도록 기다려 주었고 학습 방법과 학습 전략에 대한 조언만 했다고 합니다. 그 외에 다른 것은 강요하지 않고 아이가 원하는 것을 최대한 존중해 주었고 계획표를 작성하는 과정에서 준섭이가 질문을 많이 하도록 이끌어주었다고 했습니다.

어떠신가요? 준섭이 부모님이 대단히 특별한 비법을 보여주신 것은 아니지요? 이 책을 펼친 여러분 누구나 알고 있고, 또 당장 시도할 수 있는 방법들입니다. 아이의 자기주도 학습 습관을 길러주는 일은 부모가 해줄 수 있는 최선이자 최고의 선물입니다. 오늘부터 그 선물을 아낌없이 나눠주시길 바랍니다.

◇

2장

아이 스스로
책상에 앉으려면

"엄마는 매일 공부 타령만 해요. 내 얘긴 들으려 하지도 않아요. 식구들 모두 내가 뭘 좋아하는지 관심이 없어요. 다들 그놈의 공부, 공부밖에 몰라요. 난 공부보다 노래가 좋거든요. 가수 데뷔할 거예요."

"그래. 그렇구나. 좋아하는 게 있고 꿈이 있는 건 아주 훌륭해. 그런데내가 한 가지만 얘기할게. 가수가 되려는 꿈은 좋아. 네가 좋아하는일이니까. 그런데 다른 건 몰라도 국어, 영어는 꼭 공부했으면 좋겠다.네가 만일 노래 가사를 쓰게 되거나 프로듀서를 하게 될지도 모르니까. 틈틈이 공부해 두면 쓸모 있을 거다. 그리고 네가 유명해져서 해외 진출하게 될지도 몰라. 그때 영어를 잘하면 네 몸값이 더 올라가는거야. 요즘 세계적으로 핫한 보이그룹 알지? 그 중 한 멤버가 선생님이 고등학교 2학년 때 담임이었는데, 그때도 지금 너에게처럼 똑같은말을 했었지."

"정말요?"

아이가 잔소리하지 않아도 스스로 책상에 앉아 공부해 주면 얼마나 좋을까요. 그 모습을 상상만 해도 기분이 좋아지겠죠. 모든 부모의 바람이기도 합니다. 그런데 이게 왜 그리 어려울까요?

중학교 2학년이던 수명이는 저와 인연이 되어 국어 공부를 시작했습니다. 노래 연습도 꾸준히 하면서 국어 공부를 나름 열심히 해 나갔습니다. 그렇게 중2~3학년을 지내던 수명이는 중3 말에 결국 가수의 꿈을 접고 말았습니다. 가수의 삶이 자신이 꿈꾸던 대로 그렇게 화려하지만은 않다는 것을 깨닫게 되었다고 했습니다. 우여곡절을 겪은 수명이는 예비 고1 과정을 보내고 고등학교 진학 후 첫 모의고사에서 국어 1등급을 받았습니다. 왜 가수가 되겠다고 고집을 부렸는지에 대한 아이의 상황과 내면 심리를 진작 헤아려주었더라면 수명이는 시행착오를 덜 겪지 않았을까요? 수명이에게 필요했던 것은 무조건적인 공부 강요가 아니라 공부를 왜 해야 하는지에 대한 이유를 먼저 논리적으로 설명해 주었어야 했던 겁니다. 수명이의 특성과 상황을 잘 판단해서 말이죠.

공부 잔소리 약발 유효 기간

공부 잔소리가 다 독이 되는 건 아닙니다. 때론 좋은 약이 되기도 합니다. 공부 잔소리는 극과 극을 넘나든다는 점에서 아슬아슬한 곡예입니다. 이러한 공부 잔소리는 언제까지 약효를 발휘할까요.

"아무래도 휴학해야 할 거 같아요, 선생님. 아이가 통 학교를 가려고 하지 않네요. 그냥 방에만 처박혀 있어요. 말 잘 듣던 애가 갑자기 왜 이러는지 모르겠어요. 어떻게 하면 좋죠?"

고등학교 담임을 맡았던 시절 불쑥 찾아온 재훈 어머니와의 고민 상담입니다. 재훈이는 자사고에 합격한 아이였습니다. 그러다 제가 근무하는 일반계 고등학교로 전학을 왔습니다. 처음엔 그런대로 학교를 꼬박꼬박 나오더니 어느 날 갑자기 결석을 하기 시작했습니다. 저는 며칠을 기다리다 재훈이 집을 방문했습니다. 재훈이는 남들 다 학교 가는 시간에 혼자 집에서 그야말로 그림자처럼 고요하게 앉아 있었습니다.

"집에만 있어서 심심하지 않니? 어떻게 지내고 있었어?"
"그냥요. 혼자 방에서 가만히요. 편해서 좋아요."

재훈이는 초등학교, 중학교 내내 부모의 공부 잔소리를 훌륭하게 인내하며 고등학교에 합격한 후 갑자기 허탈감에 빠지게 된 경우입니다. 오직 자사고 합격이 목표였는데 입시에 성공하고 목표가 사라지자 공부에 대한 근본적인 회의가 왔던 것이지요. 그 후 여러 번 개별 접촉 상담을 했으나 결국 재훈이는 휴학계를 내고 말았습니다. 저도 어찌 손을 쓰지 못했던 가슴 아픈 기억입니다.

왜 이런 일이 일어났을까요? 잔소리 약발로 키워진 아이에게 닥친 걷잡을 수 없는 정체성 혼돈의 결과입니다. 그래도 재훈이는 공부 잔소리 약발이 오래 간 경우일 수도 있습니다. 이보다 더 이른 시기에 공부 잔소리 약발이 떨어진 아이도 여럿 보았습니다. 엄마의 강요로 초등 1학년 때부터 억지로 일주일 내내 대치동 학원을 전전했던 정수는 중학교에 올라가면서 반항아가 되어 공부에 흥미를 잃었습니다. 재훈이에 비해 엄마의 공부 잔소리 약발이 일찍 떨어진 경우입니다. 부모의 일방적 잔소리로 키워진 아이는 자기 조절 역량이 낮다는 게 통념입니다. 재훈이, 정수 모두 이런 케이스였죠. 엄마 공부 잔소리에 지쳐 쓰러진 아이들이었던 겁니다. 공부는 장기전입니다. 이른 시기부터 공부에 옥죄인 아이는 가장 중요한 시기에 무너질 수 있습니다. 페이스 조절을 염두에 두어야 합니다.

공부에 대한 생각을 정리하는 '공부 좌우명'

학부모님 대부분은 자녀가 공부를 잘해서 좋은 성적을 받아주기를 간절히 바라죠. 그런데 자녀의 미래와 상황을 고려하지 않고 무조건 '공부 좀 해라'는 식의 일방적 닦달은 오히려 독이 될 수도 있다는 사실을 잊지 마셔야 합니다. 앞에서 말씀드린 대로 자녀의 상황을 고려하지 않은 부모의 공부 조바심 잔소리는 독이 되어 자녀의 일탈을 부를 수 있기 때문이죠. 또한 공부 잔소리에 길들여져 자녀의 주체적 판단 역량을 마비시켜 위기 상황에서 헤어 나오지 못하게 할 수도 있습니다.

그러면 어떻게 해야 할까요? 부모의 공부 잔소리가 자녀에게 약이 되게 하려면 먼저 자녀의 눈높이에서 소통하며 마음을 헤아리고 상황을 진단하는 작업이 선행되어야 합니다. 아이와 진심 어린 소통을 해야 합니다. 그래야 아이에게 약이 되는 공부 가이드를 할 수 있습니다. 더불어 공부 잔소리 약발이 지속되게 하려면 자녀의 광기 어린 반발도 과감하게 수용하는 역지사지의 지혜도 발휘해야 합니다. 성적만을 위해, 남들이 부러워하는 상급학교 합격을 위해서만 달리는 부모의 욕망 어린 공부 잔소리는 자녀를 수리 불가능한 고장난 시계로 만들 수도 있습니다. 일방적 공부 잔소리에 의해 이끌려 온 아이는 성공보다 실패할 잠재적 위험이 더 크게 도사리고 있다는 사실을 기억하세요.

"선생님, 저 특목고 합격했어요."
"정말? 드디어 해냈구나! 축하해, 용우야."
"감사해요. 선생님. 선생님의 공부 좌우명이 큰 도움이 됐어요. 사실 특목고 목표 정해놓고 공부했는데 중간중간 흔들렸거든요. 그럴 때마다 공부 좌우명을 봤어요. 그게 힘이 되더라고요."
"축하해. 네가 잘한 거야. 네 노력의 결과야."
"고등학교 가서도 선생님의 공부 좌우명대로 해볼게요."

우리 아이를 위한 지혜로운 공부 가이드는 무엇일까요? 제가 아이들을 처음 만나면 제시하는 것 중의 하나가 공부 좌우명입니다. 아이들에게 책상에 붙여 놓고 공부할 때 수시로 보라고 강조하곤 합니다. 아이들이 진로를 설정하고 공부에 대한 생각을 정립하는데 실질적인 도움을 주었던 공부 좌우명을 소개합니다.

◆ 첫째, 공부는 삶의 일부다.

공부는 왜 먹고 자는 일처럼 일상사로 생각하지 못할까요? 일상과는 다른 특별한 것으로 생각할까요? 이는 공부라는 말을 너무 좁게 인식한 결과입니다. 공부를 특별한 것으로 생각하면 책상에 앉아 공부하는 것이 힘들어집니다. 공부 시간을 따로 잡아야 하고, 부모의 공부 잔소리가 첨가되고, 아이의 책상에 앉는 로딩 시간 또한 길어집니다. 특히 시험을 앞둔 시기가 되면 부모는 아이 눈치를 보며 시중을 들어야 하고 아이는 마치 큰 벼슬이라도 하는 양 유세를 부리기도 합니다. 투덜거리며 예민하게 굴기도 하고요. 가족 모두가 아주 힘들어집니다.

공부를 그저 아침에 일어나 세수하고 밥 먹고 놀고 잠자는 것처럼 생활의 일부라고 여기게 되면 이러한 소모적 피곤은 사라지게 됩니다. 자녀에게 공부는 특별한 것이 아니라 삶의 일부라는 생각을 갖도록 어릴 때부터 조리 있게 설득해 주세요. 세뇌하셔도 좋습니다. 이때 염두에 두어야 할 것은 잔소리가 일방적 명령조가 아니어야 합니다. 그리고 부모도 솔선하는 모습을 보여 주어야 합니다. 아이의 공부 시간에 부모도 공부를 하는 거죠. 아이 앞에서 책 보는 모습을 자연스럽게 보여주어야 합니다. 그러면 아이가 공부에 대한 부모와의 공유의식을 갖게 됩니다. 아이가 어릴수록 부모의 모습을 자연스럽게 따라하게 되는데 이것이 바로 살아있는 현장 교육입니다. 특히 취학 전이나 초등 시기에 큰 효과를 발휘합니다. 말처럼 쉬운 일은 아니겠지요. 그래도 이 시기에 아이에게 이런 수고를 들이지 않으면 나중에 더 큰 노고가 들어가도 효과를 볼 수 없게 됩니다. 아이가 공부를 삶의 일부로 생각하기 시작하면 엄마의 공부 잔소리도 크게 필요하지 않게 됩니다.

◆ 둘째, 공부는 계획을 세워 꾸준히 한다.

제가 공교육과 사교육에서 만난 공부 잘하는 아이들은 예외 없이 학습 플래너가 있었습니다. 이 학습 플래너 속에는 꼼꼼한 공부 계획이 들어있었지요. 특히 취학 전부터 공부 계획을 세워 실천하는 습관을 들이면 초등학교에서 더욱 효과를 볼 수 있습니다. 사실 초등 시기가 제일 중요합니다. 여러 가능성이 열려 있고 꿈도 크게 키울 시기니까요. 취학 전 어린이는 일주일 단위로 학습 계획을 세워 아이와 부모가 함께 실행하면 효과적입니다. 이때 엄마 계획도 세워 아이에게 보여 주면 아이의 계획 공감도가 높아지게 됩니다. 계획표 작성이 아이 몸에 자연스럽게 배게 되는 거죠. 초등 시기는 1년 단위로 계획을 세워 실천해 나가는 것도 좋은 방법입니다. 중요한 것은 공부 계획표 작성을 습관화하는 것입니다. 더불어 계획표대로 실행하는 것이 중요하다는 인식을 가져야 합니다. 중·고등학생의 경우 3년 전체 계획 수립 후 1년 단위, 1개월 단위, 1주 단위, 일일 단위의 세부적 계획을 촘촘하게 세워 공부량과 수행 정도를 매일 체크합니다. 이때 부모님께서는 자녀의 학습 플래너 실행 확인 후 충분한 칭찬을 해 주시길 바랍니다. 만일 작심삼일의 징후가 보이면 공부 계획을 수정하도록 권유하는 과정이 필요합니다. 아이들의 계획을 보면 의욕만 앞서서 과도한 공부량을 목표로 설정하는 경우가 종종 있습니다. 실천 가능한 목표를 세우도록 자녀 옆에서 조언을 해 주시면 좋습니다. 이때 중요 과목은 공부량이 적더라도 매일매일 꾸준히 하는 것이 중요하다고 강조해 주시기 바랍니다. 학습 플래너는 향후 입시에서도 자랑거리로 활용할 수 있는 장기적 학습 전략 중 하나입니다. 계획 수립과 지속적 수행이 이루어지도록 자녀 옆에서 지혜롭게 응원군 역할을 해주세요.

◆ 셋째, 공부는 빨리 하지 않는다.

아이들이나 부모님과 상담을 해 보면 중학교 들어가기 전 수학 문제집을 몇 권 풀고, 고등학교 입학 전 수학 정석을 몇 번 떼고, 영어 문법책 몇 권 보았다고 자랑합니다. 그런데 상담한 아이들 대부분 영어 수학 점수가 별로였습니다. 이런 아이들은 문제집 몇 권, 책 몇 번 풀었다는 실속 없는 공부로 허송세월한 셈이지요. 튼튼하게 개념을 다지는 공부가 아닌 속도만 내는 건성건성 공부는 곧 티가 납니다. 자녀의 공부 속도가 늦더라도 개념과 원리를 정확하게 익혀 문제에 적용하는 식의 공부가 되도록 확인하면서 이끌어 주셔야 합니다. 늦더라도 돌아가는 길이 더 빠를 수 있습니다. 빨리하는 공부는 실속 없는 공부입니다.

◆ 넷째, 공부는 지식과 교양을 쌓는 즐겁고 행복한 일이다.

아이들은 보통 공부의 개념을 시험 준비 정도로만 이해합니다. 그러다 보니 시험만 끝나면 공부한 책을 모조리 분리수거함에 버리고 자신도 모르는 사이에 공부한 내용도 하얗게 잊어버립니다. 공부는 그저 통과의례를 위한 필수 행위로만 생각하는 듯합니다. 그런데 학교에서 배우는 다양한 교과목 속에는 정치, 경제, 사회, 문화, 역사, 과학 등 수많은 지식이 들어있습니다. 학교 교과목 공부를 통해 지식을 습득함은 물론 그 과정에서 교양도 길러집니다. 모든 과목이 다 중요합니다. 국·영·수만 공부 과목이 아니지요. 아이들은 공부할 과목이 많다고 투덜거립니다. 그런데 학교 교과목은 아이들 발달 단계에 맞추어 교육전문가들이 연구해서 구성한 것이기 때문에 한 과목이라도 소홀히 해서는 안 됩니다. 시험에 결정적인 영향을 주는 과목만 골라 하는 편식 공부는 지양해야 합니다. 많은 교과목을 배우는 이유는 살아가는 과정에 도움이 됨은 물론 문제를 해결하는 데 중요하게 작용하기 때문입니다.

예를 하나 들어볼까요. 2020 프랑스 오픈 여자 단식 테니스 우승자는 폴란드 출신 19세 고등학생 이가 시비옹테크였습니다. 세트 무실점으로 완벽하게 우승했지요. 기자가 무실점 우승 비결을 물었습니다. "저는 벡터함수, 미적분 같은 고급 수학을 테니스만큼 사랑해요. 테니스 코트를 기하학으로 이해하면 경기력이 올라가죠." 시비옹테크는 세로 23.77m, 가로 8.23m에 1.07m 높이 네트로 구성된 코트를 평면 기하학으로 치환하고, 58g 테니스공의 탑 스핀, 포핸드 평균 RPM, 분당 회전수, 파리의 가을 날씨 경우의 수까지 벡터 운동방정식의 응용 문제로 치환했습니다. 그렇게 풀어낸 답으로 그녀는 메이저대회 우승을 거머쥘 수 있었지요. 수학과 체육, 그 놀라운 융합의 결과였습니다.

공부 잘했던 학생들이 대학 진학 후 학과 공부에도 큰 도움이 된다고 응답한 것을 보면 초중고 시절의 공부가 그저 시험만을 위한 것이 아니었음을 알 수 있습니다. 공부가 지식과 교양을 쌓는 중요한 과정이라는 인식은 공부를 즐거운 일로 생각해 꾸준히 하게 만드는 중요한 전제가 됩니다. 자녀가 이러한 공부 인식을 갖도록 이끌어 주세요. 아울러 공부는 그 누구도 아닌 자신이 스스로 행복해지기 위해 한다는 사실도 강조해 주세요.

◆ 다섯째, 공부는 스스로 한다.

아침이면 등교 전쟁이 벌어집니다. 아이를 깨우는 부모의 목소리가 담을 넘고 간신히 일어난 아이는 눈 비비며 아침을 거른 채 학교로 향합니다. 부모, 자녀 모두 하루가 고단하게 시작됩니다. 자녀가 스스로 일어나 느긋하게 등교 준비를 하면 얼마나 좋을까요. 공부도 마찬가지입니다. 부모님들은 자녀가 스스로 알아서 척척 공부를 하면 그야말로 바랄 게 없다는 생각을 하시지요. 그러나 아이들 대부분은 자기주도적이 아닌 공부 잔소리에 못 이겨 겨우겨우 수동적으로 공부를 하는 것이 현실입니다. 이런 점에서 자기주도적 공부 습관이 일찍부터 형성되도록 이끌어주는 것이 무엇보다도 필요합니다. 아이가 스스로 공부하는 습관은 가정에서부터 길러집니다. 공부 잘하는 아이들과의 대화에서 제가 알게 된 것은 어릴 때 엄마, 아빠가 정리 정돈하는 모습, 독서하는 모습을 보고 따라 하기 시작한 데서 스스로 공부하는 습관이 들었다는 것이었습니다. 어려서부터 자신의 방을 스스로 정리 정돈하는 습관을 들이는 것도 자기주도적 공부 습관을 길러주는 한 방법입니다. 누구의 잔소리 없이 자신만의 힘으로 이룩한 성취에 뿌듯해하는 경험을 많이 갖게 해 주세요.

공부를 성적을 위한 학습 행위뿐만 아니라 자신의 삶을 실현해 가는 과정으로 확장해 볼 필요가 있습니다. 자녀가 이러한 시각에서 공부를 인식하는 순간 공부의 절반은 이미 성취된 것입니다. 공부를 삶의 일부로 받아들이기 시작하게 되면 자신에게 맞는 목표를 소신 있게 설정할 확률이 높아지고, 공부의 지속을 가능하게 하고, 자기주도적 공부 습관을 갖게 됩니다. 자녀들에게 형식적 공부 잔소리 대신 자녀의 관심 영역을 잘 살펴서 공부가 삶의 일부라는 열린 공부관을 갖도록 이끌어 주세요. 당장 눈앞에 보이는 성적만을 강요한다면 자녀의 삶은 영영 행복의 문을 열지 못할지도 모릅니다. 자녀가 스스로 행복의 문을 열 수 있도록 부모가 얼마든지 도와주실 수 있습니다.

3장

우리 아이 어떻게 하면
공부를 잘할 수 있을까

공부에 영향을 주는 3가지 요소

"공부가 뭐 그리 어려운 일이라고, 진득하게 엉덩이 붙이는 거 그거 하나 못하니? 한심하다 한심해. 나 때는 말이야……."

소위 '라떼는 말이야'식의 과거 비교사적 공부 잔소리는 당장 아이들의 반감을 사겠지요. 논리적인 설득도 아니고요. 가능한 마음속으로 삼키셔야 합니다. 사실 요즘 아이들은 라떼 시대보다 훨씬 공부하기 힘든 환경에 놓여 있습니다. 체력도 많이 저하되어 있지요. 그리고 문 열고 나가면 각종 유혹이 기다리고, 방문만 닫아도 게임 및 온라인 세상이 손짓하는 다른 시대를 살고 있습니다. 그러니 자녀가 경험해 보지도 못한 부모 세대의 이야기로 자녀의 공부를 설득하려고 하는 것은 효과가 제로, 아니 마이너스가 될 수밖에 없습니다. 그 대신 우리 아이 공부에 영향을 주는 요소가 무엇인가를 진지하게 고민하는 것이 더 도움이 될 것입니다. 그러면 공부에 영향을 주는 요소는 무엇일까요? 기본적인 세 가지만 말씀드리겠습니다.

◆ 첫째, 건강입니다.

요즘 학생들은 이런저런 공부에 시달리느라 자신만의 시간이 절대적으로 부족합니다. 못다 한 학원 숙제를 하느라 새벽까지 깨어있는 경우도 많다고 들었습니다. 그러다 보니 아침에 일어나는 일이 괴롭고 아침밥을 거르고 하루를 시작하는 경우도 허다합니다. 이렇게 순조롭지 못한 생활의 반복으로 생체리듬이 깨지고, 기력 저하로 인한 만성 피로가 축적되어 공부 집중을 방해하기 일쑤입니다. 공부 체력, 공부 컨디션이 엉망이 되는 겁니다. 학년이 올라갈수록 공부 체력은 더 중요해집니다. 공부는 장기전이라는 생각으로 대학 입시까지 체력을 끌고 가야 합니다. 규칙적인 수면과 식사는 공부 체력 유지의 가장 중요한 기반입니다.

◆ 둘째, 공부 분위기입니다.

요즘 학생들은 집에서보다 밖에서 공부하는 시간이 훨씬 많습니다. 특히 스터디카페나 독서실, 심지어 브랜드 커피전문점 등과 같은 자기 취향에 맞는 분위기 있는 곳을 찾아다니며 공부합니다. 새로운 공부 유목민 풍속도입니다. 심지어 초등학생들도 이러한 시류에 편승하고 있는 실정입니다. 공부 분위기가 학습 의욕을 자극하는 시대가 도래한 것입니다. 요즘 아이들은 공부 분위기에 아주 민감합니다. 그런 면에서 아이가 선호하는 공부 분위기를 존중해 주세요. 만약 집에서 공부하는 것을 즐기는 아이라면 부모님도 그 시간에는 독서를 하거나 공부를 하는 등 면학 분위기를 함께 만들어주세요.

◆ 셋째, 자신감입니다.

흔히 수학 성적이 낮으면 공부를 못 한다고 생각합니다. 그래서 이른 시기부터 수학에 목을 맵니다. 그런데 수학을 재밌어 하며 지속적으로 잘하는 학생들보다 그렇지 못한 학생들의 수가 더 많은 게 현실입니다. 수학 때문에 공부 자신감을 잃고 방황하는 학생들이 부지기수입니다. 수학 하나로 공부의 승부를 판가름하는 편협한 인식에서 벗어날 필요가 있습니다. 자신감을 잃어 공부 맛을 모른 채 방황하는 공부 낙오자를 만들어서는 안됩니다. 자신감이야말로 공부 의욕을 자극하는 기본 중의 기본 요소입니다.

공부 잘하는 아이들의 5가지 특징

"선생님, 기준이가 1학기 내내 놀기만 하다가 어디서 무슨 소리를 듣고 왔는지 갑자기 공부를 하고 싶다고 하네요. 어디부터 시작하면 될지 모르겠어요. 공부한다는 말이 반갑긴 한데 너무 갑작스러우니까 막막해요."

고등학교 1학년 아들을 둔 기준이 어머니는 이런 고민으로 저를 찾아왔습니다. 사실 이런 아이들 상담은 그리 어렵지 않습니다. 그동안 노느라 공부를 안 한 것뿐이지 다른 문제가 있는 게 아니거든요. 공부하려고 마음먹었다는 것, 그 사실이 중요합니다. 저는 기준이를 따로 만나 그동안의 이야기를 들어보았습니다.

"선생님, 제가 농구를 진짜 좋아해서 시간만 나면 무조건 친구들이랑 농구를 해요. 점심시간에 급식은 포기해도 농구는 포기 못하거든요. 학교 끝나면 또 바로 농구 코트로 달려가 시합을 해요. 그리고 학교 야자 시작하면 아파트 농구 코트로 와서 다시 할 정도로 푹 빠졌었어요."

"그 정도로 농구에 몰입했는데 왜 갑자기 공부하기로 마음먹은 거니?"

"보니까 애들이 농구만 하는 줄 알았는데 공부를 저보다 다 잘하는 거예요. 그것도 상위권에서 놀아요. 나처럼 공부 안 하고 농구만 하는 줄 알았는데. 배신감이 들더라고요."

"그래서 공부를 하겠다는 거였어?"

"네, 좀 화가 나더라구요. 농구는 제가 훨씬 잘하거든요. 걔네들 공부로 눌러 주고 싶단 생각이 들었어요."

"그럼 기준아 너, 선생님이 시키는 대로 한번 해 볼래?"

"네, 선생님. 근데 저 정말 공부 잘할 수 있나요?"

기준이의 경우 비록 공부 잘하는 친구들을 이겨보겠다는 오기에 찬 것이었지만 공부 목표가 설정되었기 때문에 공부 방법만 터득해 지속적으로 공부량을 늘리면 성적 올리는 건 시간 문제라는 판단이 들었습니다. 우선 공부 계획표를 작성했습니다. 기준이의 순수 가용 시간을 바탕으로 과목별 공부 계획을 치밀하게 세웠지요. 공부 계획표 작성 전에 기준이에게 3가지를 주문했습니다.

첫째, 학교 수업 시간에 백 퍼센트 집중할 것. 기본 중의 기본이지요.

둘째, 농구 시간을 삼분의 일로 줄일 것. 직전까지 농구에 푹 빠져 있던 기준이의 농구 취미를 완전히 차단하면 일종의 금단현상이 일어나 오히려 공부에 방해가 될 거라는 판단하에 조정한 것입니다.

셋째, 하루 6시간 잘 것. 잠이 부족하면 학교 수업 시간에 졸기 일쑤입니다. 공부 집중을 위한 컨디션 유지를 위해서는 규칙적인 수면 시간이 확보되어야 합니다. 6시간이면 충분합니다. 규칙적이라면 말이죠.

그리고 기준이와 만나 공부를 시작했습니다. 우선 개념부터 시작했지요. 1학기 교과서를 다시 훑었습니다. 기준이에게는 사실 처음 보는 것이나 다름없었습니다. 공부를 아예 안 했으니까요. 영어, 수학, 사회, 과학도 마찬가지였죠. 국어 이외의 과목도 국어와 유사하게 공부 전략을 세워 공부를 진행했습니다. "기준아, 국어가 되면 다른 과목도 다 된다." 기준이에게 이렇게 확신을 주고 국어 공부를 시작했습니다. 이렇게 여름 방학 한 달 동안 개념 잡기에 주력했습니다. 기준이도 흔들리지 않고 잘 따라와 주었습니다. 주관이 강한 아이라 소소한 유혹에도 흔들리지 않았습니다. 이렇게 공부한 결과 2

학기 중간고사 국어 점수 86점을 받았습니다. 1학기 국어 평균 58점에서 말이지요. 지금 기준이는 공부에 재미를 들여 더욱 열심히 하고 있습니다.

공부 잘하는 아이들은 몇 가지 남다른 특징을 갖고 있습니다. 그런데 자세히 보면 특별한 비법이 따로 있는 게 아닙니다. 누구에게나 있는 성향이죠. 공부 못하는 아이들은 단지 꺼내 쓰지 않고 상자에 모셔만 놓고 있는 겁니다. 꺼내기만 하면 되는데 그걸 안 하는 겁니다. 그런데 공부 잘하는 아이들은 꺼내 쓸 줄 아는 것이죠. 만일 자녀들이 다음과 같은 특징을 보이는지 잘 살펴보시고 그렇지 않다면 아이와의 소통을 통해 안에 있는 좋은 성향을 꺼내 활용할 수 있게 도와주시기 바랍니다.

◆ 첫째, 명확한 목표를 설정합니다.
NBA 농구 황제 마이클 조던은 고2 때 농구부에서 탈락한 후 주전이 되겠다는 목표를 세운 후 피나는 연습을 통해 농구 전설이 됩니다. 월트 디즈니도 처음 자신의 만화가 거절당하자 최고가 되겠다는 독기를 품고 결국 성공했지요. 미키마우스나 도날드덕이 그렇게 해서 탄생된 만화입니다.

공부 상위권을 유지하는 아이들을 보면 공부 목표가 뚜렷합니다. 대체로 왜 공부를 해야 하는지에 대한 분명한 인식을 갖고 그것을 공부 실행의 동력으로 삼고 있습니다. 도전 골든벨이나 장학퀴즈 등의 학생 퀴즈 대회에 출연해 1등 한 학생들의 인터뷰를 보면 장래 목표가 뚜렷한 학생이 대부분이었습니다.

목표를 세우되 아주 구체적으로 세워야 합니다. 그래야 실천할 수 있으니까요. 예를 들어 큰 목표를 세운 후 실행 가능한 작은 목표를 세우는 식으로 계획합니다. 그리고 목표 달성 여부를 반드시 확인하는 과정을 거쳐야 합니다. 목표 달성 후 자신에게 잘했다고 스스로 칭찬을 해주는 과정도 필요합니다. 채찍보다 당근이 더 큰 힘을 발휘한다는 것은 누구나 알고 있으니까요.

◆ 둘째, 주관이 뚜렷합니다.

주관이 뚜렷하다는 것은 자기주도적으로 공부머리를 쓴다는 말과 일맥상통합니다. 이런 학생들은 자신이 정한 주관 안에서 상황을 조절하는 유연성을 보여주지요. 그리고 주관은 기준이처럼 한번 정한 목표를 향해 달려 나가게 하는 추진력이 됩니다. 주관은 공부 방해 유혹에 자제력을 발휘하는 강력한 무기입니다.

◆ 셋째, 개념을 적용하는 역량이 탁월합니다.

공부를 잘하는 학생들은 전 과목을 골고루 잘합니다. 그 비결은 철저한 개념 원리 학습에 있습니다. 개념을 무조건 암기하지 않고 개념이 도출된 원리에 대해 먼저 이해합니다. 이해가 되었기 때문에 개념이 분명히 머리에 저장되고 그것을 바탕으로 응용하여 문제를 풀게 됩니다. 과목에 상관없이 모든 문제는 이렇게 개념을 적용하는 방식으로 출제됩니다. 그러니까 개념을 정확하게 습득한 아이들이 공부를 잘할 수밖에 없습니다. 앞에서 기준이의 국어 성적을 올릴 수 있었던 것도 개념 학습을 통한 적용에 초점을 맞추었기 때문입니다.

◆ 넷째, 자기만의 공부 방법이 있습니다.

사실 표준화된 공부 방법은 없습니다. 그래서 자신만의 공부 방법을 찾아야 한다는 것입니다. 학원 선택도 이와 비슷합니다. 스타 강사가 있다 하더라도 자신에게 맞지 않으면 결과는 기대에 못 미칩니다. 저는 기준이에게 다음과 같은 구체적인 공부 방법을 알려주었습니다. 실제 수업에도 반복 적용했습니다.

1. 글을 읽을 때 감각 기관을 동원하라.
   - 시각적 이미지 활용: 밑줄 치기, 색연필, 형광펜 등을 사용해 필기→ 자기만의 노트, 책 꾸미기
   - 청각 이미지 활용: 소리 내서 또박또박 정확하게 읽기→ 울림을 통한 두뇌 자극→ 장기 기억에 효과적

2. 공부 내용을 구조화하라.
   - 내용 재구성 요약
   - 초성 따서 말 만들기
   - 노랫가락에 내용 붙이기 등 나만의 방식으로 구조화

3. 공부한 내용을 일상생활 속의 소재들과 연관 지어 생각하는 습관을 들여라.
   - 공부와 일상 현실을 통합해 의미 관계를 연관 지어 학습 내용

을 오래 유지하도록 한다.

4. 문제 풀 때 출제자의 입장에서 이해하라.
- 자신의 지식이나 상식을 동원해 문제를 풀지 말고 출제자의 의도를 먼저 파악한 후 문제를 푸는 습관을 들인다.
- 친구와 상호 문제 출제자 역할을 하며 연습한 후 서로 피드백 한다.

5. 오답노트를 만들어 오답 분석을 완벽하게 하라.
- 오답 분석을 통해 틀린 이유를 분석하고 유사 문제 출제 시 적용한다.

6. 복습을 철저히 꾸준히 하라.
- 학습 내용 복습은 나선형 학습법으로 꾸준히 한다.
- 그날 배운 내용은 반드시 그날 복습한다.

7. 공부 도움을 받을 수 있는 곳을 찾아라.
- 집: 부모님
- 학교: 교과 담당 선생님
- 친구: 나보다 공부 잘하는 친구
- 학원: 보충 공부가 꼭 필요한 경우

◆ 다섯째, 생각을 많이 합니다.

"의심할 수 있는 것은 모두 의심한다. I THINK, THEREFORE I AM!" 데카르트의 이 말 기억하시죠? 생각을 많이 한다는 것은 지적 호기심이 강함과 동시에 의문을 많이 갖고 있음을 뜻합니다. 이것은 동일한 문제를 여러 방향에서 해결하는 잠재적 역량이 있다는 말과도 통합니다. 공부 잘하는 아이는 복잡한 문제에 흥미를 보이고 그것의 해결을 통해 성취감을 느낍니다. 그리고 의심나는 것은 그냥 지나치지 않고 어떻게든 해결합니다. 생각의 힘이 꼬리에 꼬리를 무는 마인드맵을 완성합니다. 이러한 마인드맵은 공부한 내용을 구조화해 글을 한눈에 이해하는 데 중요하게 작용합니다. 문제 해결을 위한 올바른 연결고리 생성은 깊은 생각에서 비롯됩니다.

Q. 아이의 집중 시간이 들쭉날쭉해요.
그래도 일관적인 학습 시간을 지키는 게 좋을까요?
컨디션에 따라 유동적으로 조절하는 게 좋을까요?

A. 지속적이고 체계적인 공부를 위해서는 아이 나름대로의 시
간표를 갖고 꾸준히 실천해 나가도록 하는 것이 좋습니다(일관
성의 원칙). 그런데 아이의 컨디션에 따라 감정과 집중력 기복이
큰 편이라면 적절한 조언으로 이끌어 주세요. 공부 시작 전에 책
상 주변 정리하기, 명상을 통한 평정심 갖기, 자기최면을 통한 마
음가짐 유지 등을 시도해 보도록 도와 주세요. 공부도 하나의 과
업이므로 바른 태도(attitude)를 갖고 시작하는 것이 매우 중요합
니다.

Q. 집중력 키우는
방법 좀 알려주세요.

A. 아이들이 집중력을 발휘하는 경우는 자기가 좋아하는 것을 하는 때입니다. 그런데 아이들이 하고 싶어 하는 일이 부모의 생각과 일치하지 않는 경우가 많을 겁니다. 그럴 때 사용하는 방법 중 하나가 '당근' 요법이지요. 하지만 당근 요법에도 반드시 전제해야 할 원칙이 있습니다. 좋아하는 것(놀이)을 하려면 먼저 해야 할 것(공부)을 완료해야 한다는 것이죠.

모든 부모들은 아이가 공부에 좀 더 집중하기를 바랄 것입니다. 그런 일이 일어나기 위해서는 아이 스스로 공부하는 습관, 곧 자기주도적 학습 능력을 키워줘야 합니다. 하루 일과 계획하기, 계획에 따라 실천하기, 자기 평가하기 등이 선순환되도록 하고, '가지치기 공부법(공부하다 관련 있는 것을 계속 심도 있게 탐구하는 것)' 등 자기만의 공부법이 습관화되도록 관심을 가지고 이끌어 주세요.

Q. 하루 공부 시간은
어느 정도가 적당할까요?

A. 하루에 공부를 얼마나 하는 것이 좋은지는 학년, 상황(필요
성), 심신의 건강 상태 등에 따라 다를 수 있습니다. 저학년보다
는 고학년이 더 많은 시간을 할애해야 하는데 지치지 않는 선에
서 집중력을 발휘할 수 있는 시간을 설정하는 것이 중요합니다.
초등학생이라면 2시간 내외가 적당합니다. 그리고 불규칙적으
로 몰아서 하기보다는 규칙적으로 공부 시간을 정해 놓는 것이
좋습니다. 무엇보다 단순히 공부의 시간(양)보다는 공부의 질이
더 중요하다는 것을 잊지 마시기 바랍니다.

2부

공부의 중심,
국어 공부법

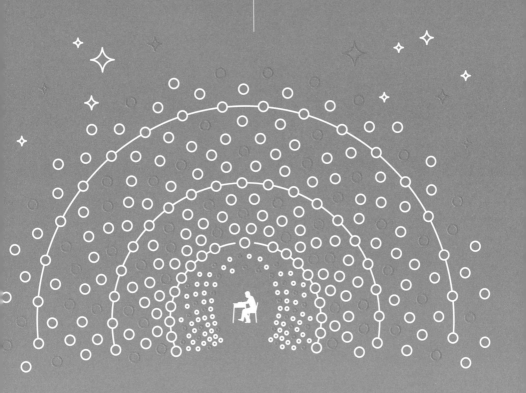

1장

◇

국어가 더욱 중요한
시대가 되었습니다

'불국어' 시대

수능이 끝나고 나면 불수능이었니, 물수능이었니 하는 말이 뉴스에 오르락내리락합니다. 불수능은 시험이 어렵게 출제되어 1등급 점수가 아주 낮은 경우를, 물수능은 그 반대를 뜻하는 말입니다. 불수능은 변별력을 높이고 물수능은 변별력이 떨어집니다. 과거 불수능은 수학의 난이도로 가늠했습니다. 그런데 요즘은 국어가 불수능을 주도하는 시대가 되었습니다. 이로 인해 상위권 학생들이 국어 때문에 입시에서 발목 잡히는 일이 생기고 있습니다.

2021년 수능이 불수능이 된 이유는 국어 때문이었다고 해도 과언이 아닙니다. 국어 1등급이 86점(화법·작문 선택), 84점(언어·매체 선택)이었으니까요. 그런데 수능 실시 이래 역대 최고의 불수능은 2019년이었습니다. 이때 국어의 1등급이 84점이었습니다. 이런 추세로 보아 수능 국어가 앞으로도 계속 불국어가 될 확률이 매우 높습니다.

수능 국어가 불국어가 된 이유는 여러 가지가 있겠지만, 출제 위원들이 점점 더 깊고 정교한 독해력을 요구하고 있다는 분석이 나옵니다. 깊이 있는 제시문과 여러번 변형된 선택지를 구성해 독해력이 탄탄하지 않은 학생들은 어려움을 느낄 수밖에 없게 되었습니다.

이제 수능 국어 1등급은 아무나 받을 수 있는 등급이 아닙니다. 그러면 어떻게 해야 할까요? 초등부터의 다양한 독서 체험과 사고력 확장이 관건입니다. 기본적으로 머리가 좋고 자기주도적 학습 태도가 어느 정도 몸에 밴 아이라면 중학교까지는 벼락치기로 국어 성적을 웬만큼 유지할 수 있습니다. 그러나 고등학교 국어 내신, 수능은 다릅니다. 얕은 공부로는 1등급 어림도 없습니다. 국어 기본 지식을 바탕으로 이해력과 추리력, 즉 독해력을 키워야 합니다. 이제 국어는 대충이 통하지 않는 과목이 되었습니다. 단시간의 공부로는 국어 성적이 절대 오르지 않습니다. 이제 불국어 시대가 되었기 때문입니다.

국어는
모든 과목의 주춧돌

국어는 '도구 과목'이라는 말이 있습니다. 이는 국어 과목이 모든 교과목 공부의 바탕이 된다는 뜻입니다. '말하기', '듣기', '읽기', '쓰기'라는 언어활동이 국어 공부의 기본 영역입니다. 국어에는 이 4가지가 통합되어 있습니다. 말하기, 쓰기를 통해 자신의 생각을 표현하고, 듣기와 읽기를 통해 말하는 사람의 의도를 이해하거나 글을 쓴 사람의 생각을 읽어 냅니다.

저는 언어로 된 과목은 모두 국어라고 생각합니다. 사회, 과학, 영어, 수학 등 모든 과목이 국어를 바탕으로 하고 있기 때문입니다. 또한 국어는 이해력, 창의력, 표현력, 비판력을 길러 줍니다. 사실 모든 과목이 이 능력들을 필요로 합니다. 그래서 국어는 다른 과목과 긴밀하게 연관되어 있습니다. 모든 과목을 잘하려면 국어가 기본이 되어야 합니다.

앞서 불국어 시대에 대해 언급했듯이 수능 점수와 입시 모두 국어로 판가름이 납니다. 합격의 열쇠도 국어, 발목을 잡는 것도 국어입니다. 이처럼 중요한 과목인 국어 실력을 탄탄하게 다지려면 초등부터 장기적이고도 체계적으로 준비해야 합니다.

국어를 3순위에 놓은 결과

"선생님, 제 아이가 이과생인데 작년에 국어 때문에 떨어졌어요. 나름 공부한다고 하는데 국어 성적이 영 오르지 않네요. 아이도, 저도 참 답답해요. 올해는 꼭 합격해야 하는데……."

상수는 초등학교, 중학교 내내 수학과 과학은 1순위, 영어는 2순위, 국어를 3순위에 놓고 공부했습니다. 고등학교에 진학해서도 이과생이다 보니 수학, 과학에 더 많은 시간을 할애했나 봅니다. 고등학교 때부터 국어 성적이 잘 안 나와 고생을 하더니 결국 국어 때문에 재수의 길로 들어섰습니다. 사실 상수는 중학교까지는 국어 성적이 나쁘지 않았습니다. 하지만 고등학교 이후로 달라졌습니다. '수학, 과학, 영어를 공부하고 남은 시간에 국어 공부하면 되겠지' 라는 안일한 생각 때문이었습니다.

뒤늦게 국어에 발목이 잡혔다는 걸 깨달은 상수는 수능 국어를 영역별로 나누어 먼저 개념부터 다시 잡아 나갔습니다. 그리고 기나긴 노력 끝에 국어 1등급을 받고 원하던 카이스트에 합격했습니다. 상수의 공부는 사실 간단했습니다. 정공법을 따른 것이었습니다. 공

64

부의 가장 기본인 개념 완성, 그리고 적용, 이 2가지를 공부의 축으로 삼았습니다. 수능 문제는 철저히 개념, 적용을 출제 원칙으로 하는 시험입니다. 그런데 아이들은 이 출제 원리를 잘 이해하지 못해서 방향을 못 잡고 헤맵니다. 공부에서는 돌아가는 게 더 빠를 수 있습니다. 공부의 기본을 알고 공부하면 성적은 반드시 오릅니다.

보통 아이들이 공부하는 순서를 보면 수학, 영어, 국어 이렇게 우선순위가 매겨집니다. 특히 이과생이라면 더욱 그렇지요. 그런데 이는 바뀌어야 합니다. 국어는 단순한 도구 과목이 아닙니다. 사실적 정보를 바탕으로 숨겨진 정보를 찾아내고, 논리적으로 문맥을 파악하고, 글의 인과적 연결 고리를 분석하는 종합적 능력을 요구하는 복잡한 과목으로 수학, 과학, 영어 공부 전에 먼저 공부해야 할 과목입니다. 국어 역량이 수학, 영어, 그 외 모든 과목의 바탕이 되기 때문입니다.

아무리 열심히 해도
국어 성적이 오르지 않는다?

원재는 서울대에 합격한 학생으로 수학, 영어보다 국어를 어려워했습니다. 대학에 합격한 원재에게 국어가 어렵게 느껴졌던 이유를 물어보았습니다. 대략 다음과 같이 정리할 수 있었습니다.

◆ 첫째, 국어는 특별한 공부 방법이 없다?
원재의 말대로 국어는 공부 방법이 따로 없을까요? 아닙니다. 분명히 방법이 있습니다. 앞의 상수의 예에서 보셨지요? 개념 완성 후 적용 연습을 통해 국어 1등급의 결과를 얻었습니다. 그것이 방법입니다. 문제는 그것이 방법이라고 명확하게 말해준 사람이 없었다는 겁니다. 그래서 국어는 수학 공식처럼 딱 떨어지는 공부 방법이 없다고 생각한 것이지요. 개념 학습 후 적용! 이것이 국어 공부 방법입니다.

◆ 둘째, 수학이나 과학 같은 이과 과목은 답이 분명하게 떨어지는 데 반해, 국어는 답이 딱 떨어지지 않는다?

원재의 말에 공감합니다. 국어는 수학, 과학처럼 답이 딱 떨어지지 않는 경우가 꽤 많은 게 사실입니다. 복수 답이 가능하기 때문이죠. 실제로 수능 국어 시험에서 복수 답 문제가 발생하기도 했으니까요. 이는 글에 대한 이해와 해석의 관점이 상대적인 데서 발생합니다. 그래서 국어 문제도 답이 딱 떨어지는 문제를 출제하려고 노력합니다. 어떤 노력이냐고요? 바로 지문 안에 힌트가 분명한 문제를 내려는 것입니다. 학교 시험 문제는 물론 수능 국어 시험 문제 출제의 대원칙입니다. 제가 수능 국어 문제 출제·검토 위원으로 들어갔을 때 이 원칙의 중요성을 귀가 따갑게 들었습니다.

자, 그러면 문제는 글을 정확하게 읽어야 한다는 것에 있겠지요. 원재가 국어를 어렵게 느낀 것은 다름 아닌 독해력에 문제가 있었기 때문입니다.

◆ 셋째, 문제의 답을 찾는 데 자신의 배경지식이나 관점은 독이 된다?

흔히 책을 많이 읽으면 국어를 잘한다고 생각해 초등 시기에 아이에게 책을 많이 읽힙니다. 아무래도 아는 게 많아지니까 배경지식도 많이 쌓이겠지요. 그런데 책을 무조건 많이 읽는다고 국어를 잘하는 건 아닙니다. 책을 아무 생각 없이 오로지 읽기만 해서는 국어를 잘할 수 없습니다. '생각'을 하면서 읽어야 합니다. 읽고, 이해하고, 생각하고, 정리하면서 읽어야 합니다. 말하자면 독서가 아닌 '독해'를 해야합니다.

고등학교 갓 입학한 지수가 그런 경우였습니다. 지수는 초등·중등 시절 다방면에 걸쳐 많은 책을 읽었습니다. 그런데 국어 성적은 70점 정도였지요. 지수는 다독을 한 것이지 독해를 한 것이 아니었기 때문입니다.

원재 역시 아는 것은 많았지만 그것이 답을 찾는 데 오히려 독이 되었습니다. 지문 안에서 답을 찾으려 하지 않고, 자꾸 자신의 관점에서 답을 찾으려 한 것입니다. 시험 문제는 주어진 글을 정확하게 독해한 후 그 안에서 답을 찾아야 합니다. 어설프게 자신의 배경지식과 관점을 동원해서는 안 됩니다.

◆ 넷째, 국어는 시험 범위가 너무 방대해서 공부하기 어렵다?

국어는 사실 특정 시험 범위가 없다고 생각하며 공부해야 합니다. 물론 학교 내신 시험엔 범위가 정해져 있지만, 보통 모의고사나 수능 시험에서는 전 범위가 다 출제됩니다. 이렇게 생각하면 국어 공부가 어려워질 수밖에 없습니다. 무엇을 공부해야 할지 감이 안 잡히기 때문이지요.

그럼 어떻게 하면 될까요? 특별한 방법은 없습니다. 기본에 충실하게 공부하는 방법밖에요. 그리고 독해 개념이 습득되면 범위는 크게 문제될 게 없습니다. 개념 원리를 적용해 글을 읽고 문제를 풀면 되니까요.

◆ 다섯째, 문제 푸는 시간이 모자란다?

시험은 시간 싸움입니다. 제한된 시간 안에 주어진 문제를 풀어야 합니다. 그래서 시간을 많이 확보할수록 답을 더 잘 찾을 수 있습니다. 특히 수능 국어 시험의 경우 시간이 성패를 좌우합니다. 45문제를 80분에 풀어야 하는 수능 국어는 그야말로 살벌한 시간 전쟁입니다. 문항당 1.7분에 풀어야 하니까요. 그래서 중위권 학생들은 늘 시간이 모자라 시험을 망치기 일쑤입니다. 중상위권 학생 중에도 시간 부족으로 실력 발휘를 제대로 못하는 경우도 많습니다. 왜 시간이 부족할까요?

첫 번째는 독해력 부족입니다. 글을 읽고 이해하는 데 시간이 많이 걸리는 겁니다. 글을 이해하지 못하고 붙들고 있다 시간만 보내는 경우입니다.

두 번째는 기본 개념을 적용하지 못하는 겁니다. 아예 개념이 떠오르지 않을 수도 있겠지요. 컨디션이나 심리적 요인이 작용할 수도 있겠지만, 결국 시간 부족은 다름 아닌 독해력 부족에서 오는 겁니다.

무엇보다 국어를 어렵게 느끼는 이유 중 하나는 국어에 대한 긴장이 다른 과목에 비해 낮다는 데 있습니다. 공부를 한다고 해도 투자한 시간이나 노력만큼 성적이 썩 잘 나오지 않기 때문이기도 합니다. 그동안 국어가 후순위로 밀려난 이유이기도 하죠. 그럼 어떻게 해야 국어가 어렵다는 생각에서 벗어날 수 있을까요? 우선 국어를 1순위로 놓고 공부하면 됩니다. 그리고 다음과 같은 마음가짐을 가져야 합니다.

첫째, 국어 성적은 꾸준히 해야 오른다.

둘째, 국어가 다른 과목 성적을 올리는 데 중요하게 작용한다.

셋째, 체계적으로 꾸준히 공부해야 한다.

이 3가지를 인식할 때 국어가 어렵다는 불안에서 벗어날 수 있습니다. 국어는 시간을 많이 투자해야 하는 장기 적금과도 같은 과목입니다.

2장

수능까지 연결되는
전략적 독서법

독서와 공부는
따로 아닌 한 몸

어찌 보면 독서는 나무를 심는 일과도 유사합니다. 초등학교 시절 식목일 행사로 학급별 나무 심기를 한 적이 있습니다. 그 당시에는 어린 묘목이 언제 자라 큰 나무가 되나 싶었습니다. 수십 년이 지난 어느 날 졸업한 학교에서 반창회를 하게 되었는데 식목일에 심었던 그 나무가 몇 아름드리 큰 나무로 자라있음을 보고 감개무량한 적이 있었습니다.

독서의 효과가 콩나물 자라는 모습을 보듯 단시간에 눈에 보이면 좋겠지만 사실상 불가능하지요. 하지만 어린 묘목이 큰 나무가 되듯 언젠가는 반드시 그 효과가 나타난다고 믿습니다. 독서가 공부머리를 키운다는 말 또한 그냥 나온 말이 아닙니다.

"넌 전교 1등 하는 비결이 뭐니?"
"다양하게 책을 많이 읽었어요. 책을 많이 읽어서 그런가 예전에 약했던 국어는 물론 다른 과목 성적까지 다 오르더라구요. 그리고 은근히 지식의 폭도 넓어졌다고 할까요."

"어떻게 책을 읽었는데?"

"독서 노트를 만들어서 이해한 내용과 제 생각도 쓰고, 궁금한 것은 물음표를 만들어 질문하고, 모르는 개념이나 어휘가 나오면 인터넷 사전에서 찾아 정리하며 암기했어요."

"언제부터 그렇게 책을 읽은 거야?"

"초등학교 4학년 때부터 지금까지요."

"고등학생은 책 읽을 시간이 거의 없을 텐데."

"그래서 요즘은 전략적으로 읽고 있어요."

"그 전략이라는 게 뭐니?"

"교과 관련 독서죠. 그게 공부에 도움이 되니까요."

고등학교 2학년 경훈이는 공부 잘하는 비결이 독서에 있다고 답했습니다. 제가 주목한 것은 경훈이가 책을 그냥 수박 겉핥기식으로 읽은 것이 아니라 정독을 통한 독해 차원의 독서를 했다는 것과 획득한 지식을 다른 지식 습득의 바탕으로 삼았다는 것입니다. 그리고 독서가 공부에 도움이 된다는 신념으로 일부러 짬을 내어 지속하고 있다는 것이었습니다. 경훈이가 증명한 것은 독서와 공부가 별개의 것이 아니라 밀접하게 연계되어 있다는 사실입니다.

만일 이제까지 자녀에게 '공부 좀 해라. 책도 좀 틈틈이 읽고!'라고 공부 따로, 독서 따로식 주문을 하셨다면 이제 방법을 바꿔야 할 때입니다. 공부와 독서는 따로국밥이 아니니까요. 공부 따로, 독서 따로라는 생각을 하는 순간 아이는 시간 부족 타령을 할 것입니다. 시간 부족을 핑계로 삼는 아이에게 경훈이처럼 교과와 연관된 독서를 권해 보면 어떨까요?

"너는 독서가 성적 향상에 큰 영향을 준다고 생각하니?"

"직접적으로는 그렇게 크지 않다고 생각해요. 하지만 배경지식을 확장하고, 사고력과 논리력을 향상시키고, 무엇보다 언어와 친하게 해주기 때문에 공부의 기반을 튼튼하게 해주는 건 맞는 것 같아요."

"그럼 주로 어떤 책을 읽었니?"

"초등학교 때는 아동문학 전집이나 한국, 세계 위인전을 읽었어요. 그리고 중학교 때는 세계문학 전집, 삼국지, 수호지 같은 대하소설을 읽었어요. 고등학교 때는 수능에 도움이 되는 한국문학 전집이랑 필독서를 찾아 읽었어요."

고3 승현이는 고등학교 3년 내내 최상위권 성적을 유지한 실력자입니다. 독서가 공부를 잘하게 만든 간접적 요인이라고 답했지만 제가 보기에 승현이의 경우 독서가 성적을 올리는 결정적인 힘이 되었다고 생각합니다. 승현이는 시기마다 적절하고 지속적인 독서로 자신도 모르는 사이에 지식 습득은 물론 논리적 사고 역량을 키워 튼튼한 공부 체력을 갖추었기 때문이지요. 특히 제가 승현이에게 관심을 가졌던 것은 초등학교, 중학교 시기의 도서 선택이 공부 호흡을 길게 하는 데 큰 영향을 주지 않았나 하는 점이었습니다. 그리고 입시 준비로 바쁜 고등학교 때는 수능과 연계된 도서 선택으로 시너지 효과를 내는 독서를 했다는 점을 높이 평가했습니다. 승현이는 이미 자신만의 독서 전략을 갖고 있었던 겁니다. 이러한 독서 이력을 가진 승현이는 서울대 공대 전체 수석을 했습니다.

독서만 많이 한다고 해서 공부를 잘하는 것은 아닙니다. 그러나 독서를 하지 않고 공부를 잘 할 수 있을 확률은 극히 낮습니다. 지금 우리 아이에게 필요한 것은 공부에 도움이 되는 독서 습관 들이기입니다.

독서량과 성적과의 상관관계

독서량과 성적과의 상관관계 설문 조사에 따르면 우리나라 공교육 교사 99% 이상이 '독서량이 많은 학생이 그렇지 않은 학생에 비해 상대적으로 성적이 높다'고 응답했습니다. 이는 교사들이 독서와 학업 성취도 간의 상관관계를 높게 인식하고 있다는 의미입니다. 주목할 점은 경력이 오래된 교사일수록 그렇지 않은 교사에 비해 더 높은 쪽에 응답했다는 것입니다. 경험치가 늘어날수록 더욱 확고한 결론을 내릴 수 있는 것이겠지요.

독서의 중요성을 인식한 교사들은 그 어느 때보다 아이들의 독서를 유도하기 위해 다양한 프로그램을 만들어 실행하고 있습니다. '북스타트 운동', '교사와 함께 하는 독서 클럽', '독서 퀴즈 대회', '독서 발표 대회', '독서 토론 대회' 등을 익히 들어보셨을 겁니다.

학교보다 가정에서 아이의 독서를 유도하는 환경이 더욱 편안하고 자연스럽게 마련될 수 있습니다. 아이가 어릴 때부터 즐겁게 책을 읽고 스스로 찾아서 읽도록 꾸준히 독서 환경과 계기를 만들어 주세요. 지속 가능한 독서 습관을 기르기 위해서는 부모의 관심과 도움이 필요합니다. 이것이 결국은 공부 잘하게 이끄는 지름길이 될 수 있습니다.

지속적인 독서를
가능하게 하는 방법

수학이 우선이어야 하는
환경에 살고 있는 아이들

제가 보아온 바로는 우리나라 대다수 아이는 어릴 때부터 수학의 강박에 시달리는 환경에 살고 있습니다. 취학 전부터 수학 학습지를 시키는 부모가 생각보다 많다고 합니다. 아이가 학습지를 즐겁게 척척 풀어내면 다행이지만, 그렇지 않은 경우 공부 흥미를 떨어뜨리는 결정적 요인이 될 수도 있다는 사실을 애써 외면하시는 듯합니다. 취학 전부터 공부에 대한 스트레스를 받게 된다면 아이나 부모 모두 초반에 지치고 말 것입니다.

그리고 국어 백 점보다 수학 백 점을 맞아야 공부를 잘하는 것으로 생각하는 부모님들도 꽤 됩니다. 다른 과목은 잘했는데 수학을 못해서 엄마에게 성적표 보여주기가 겁난다는 소정이의 일기장을 보고 가슴 뭉클한 적이 있었습니다.

왜 수학이 공부의 우선이어야 하나요? 수학 우선주의로 인해 다른 중요한 것을 놓치고 있다는 사실이 안타깝습니다. 이는 공부의 최종 목적이 대학 합격이라는 편협된 인식 때문입니다. 공부가 대학 입시에 맞춰져 있는 것이 현실이지요. 이런 상황에서 아이가 즐겁게 독서를 할 수 있을까요?

초등 시기의 독서 환경

초등 저학년의 경우는 그래도 성적에서 자유롭기 때문에 아이나 부모 모두 열정적으로 독서에 집중합니다. 깨어있는 부모는 틈나는 대로 서점이나 도서관을 데리고 다니며 아이의 독서를 자극하는 환경을 만들어 주고 아이와 '동행 독서'를 합니다. 아이는 엄마와 함께한 시간을 행복하게 추억하며 일기장에 꾹꾹 눌러 담습니다.

그러나 고학년이 되면 상황이 바뀌기 시작합니다. '공부에 있어 초등 고학년보다 중요한 시기는 없다'는 주변의 자극에 휘둘리는 부모는 드디어 공부에 집중할 시기가 왔다는 판단하에 독서할 시간이 없는 스케줄을 만들게 됩니다. 학교 숙제도 늘어나기 시작하고 사교육에 본격적으로 노출된 아이들은 학원 숙제까지 많아져서 독서에 할애하는 시간이 급격히 줄어듭니다. 숙제가 아이의 독서 시간 도둑이 되어버리는 겁니다. 그래서 '독서를 가로막는 가장 큰 적은 학교다. 독서를 많이 하게 하려면 아이를 학교에 보내지 마라'고 극단적으로 말하는 사람도 있습니다. 물론 학교에서도 학생들의 독서를 위해 나름 노력하고 있습니다. 초등학교의 경우 각 학년별로 추천 도서 목록을 제시하고 다양한 프로그램도 준비합니다.

사교육에 노출된 아이들은 학원의 독서 프로그램에 따라 독서 보충을 하기도 합니다. 구색 맞추기 식의 형식적 독서로 흐르지 않는다면 이 또한 도움이 됩니다. 그런데 독서가 숙제로 전락하는 순간 얘기는 달라집니다.

초등 시기부터 특정 과목에 치우친 공부로 인해 독서 시간을 빼앗겨 공부와 독서 모두를 잃지 않도록 세심하게 챙겨주세요.

중학 시기의 독서 환경

중학교 시기는 어정쩡한 독서 사춘기라고 할 수 있습니다. 중학교 1학년은 자유학기제라서 그나마 성적에 민감하지 않아 독서 시간을 확보할 수 있지만, 2학년부터는 학교 내신 성적이 나오기 시작하는 시기라 독서보다 학과 공부에 매달리는 시간이 늘면서 독서 시간이 현저히 줄어들 수밖에 없습니다. 그리고 학교 성적이 잘 나오지 않으면 부모의 독서 열정도 식어서 공부에 집중하는 방향으로 바뀝니다.

"어머님, 주현이가 초등학교 때는 독서를 꽤 많이 하고 글짓기 상도 많이 탔는데, 중학교에 올라와서는 수상 경력이 없네요. 무슨 일이 있었나요?"

"우리 아이 초등학교 때 제가 도서관, 서점, 박물관, 꽤 많이 데리고 다녔어요. 아이가 책 욕심도 많았고 글쓰기 대회 나가서 상 타면 정말 즐거워했어요. 저도 덩달아 신이 났죠. 그런데 중학교 올라가더니 성적이 별로인 거예요. 생각한 것만큼 안나오니까 저도 조바심이 나더라구요. 그때부터 저도 모르게 아이 독서는 손을 놓았어요. 아이도 독서 열정이 식은 것 같고요. 그 후로는 학원에 맡겼어요."

중학교 3학년 주현이 어머니와의 상담 내용입니다. 주현이는 중학교에 진학하면서 독서가 무너진 경우입니다. 일명 독서 사춘기를 호되게 겪은 것이지요. 잘 해오던 부모의 독서 관리 시스템이 붕괴된 결과입니다.

물론 학교는 학년별로 도서 목록을 제시해 학생들의 독서를 권장합니다. 그런데 대부분의 학생은 학교에서의 독서도 숙제나 평가의 하나로 받아들입니다. 이때 학원은 학생들의 학교 수행 평가 독서를 도와주는 대리 역할을 합니다. 중학교 시기는 이렇게 초등학교의 독서 바통을 제대로 이어받지 못한 채 독서의 불씨가 사그라드는 안타까운 상황을 흔히 보게 됩니다.

성적 여부가 독서의 지속을 가로막는 요인으로 작용하는 독서 환경에 두 손 놓고 있을 수만은 없는 일입니다. 우선 공부가 독서라는 것과 독서가 성적과는 무관하다는 인식에서 벗어나야 합니다. 독서의 효과는 언젠가 반드시 나온다고 믿으셔야 합니다. 상위권에 있는 학생들 대부분은 독서 사춘기를 극복하고 지속적으로 독서를 하면서 공부에 적용하는 학생들입니다. 자녀의 독서 열정이 곧 공부 열정으로 이어질 수 있도록 꾸준히 도와주세요. 부모가 지치면 아이는 더 빨리 포기합니다.

고등 시기의 독서 환경

고등학교 시기는 대학 입시 체제로 돌입하는 때입니다. 이 시기는 이미 부모의 손을 떠나 아이 스스로 독서를 이어가거나 아예 독서에 손을 놓거나 둘 중의 하나입니다. 학교에서는 나름대로 독서 프로그램을 가동하지만, 고3이 되면 학생부 기재용으로 매 학기마다 몇 권씩 제시해 독서감상문 받는 식으로 이루어집니다. 그래서 이때를 독서 암흑기라고 할 수 있습니다. 어떻게 하면 이 독서 암흑기를 벗어날 수 있을까요? 고등학교 때는 정말 독서를 못 하는 걸까요?

"고3 되니까 독서 할 시간이 거의 없지? 너처럼 독서광이 책 못 읽어서 어떡하니?"
"선생님, 그래도 저는 틈틈이 읽어요."
"그래? 그럴 시간이 있어?"
"제가 이과잖아요. 요즘 생명과학 공부 시작했는데 개념 잡아보려고 생명과학 선생님께 관련 책 추천 받아서 읽고 있어요. 고1 때부터 이렇게 했는데, 재밌어요. 성적도 따라오는 것 같구요."

남수 이야기입니다. 남수는 학교 내신 전 교과 1등급, 수능 또한 전 영역 1등급입니다. 내신과 수능을 모두 잡은 명실상부한 공부 1등 아이이지요. 남수는 초등학교 때부터 꾸준히 독서를 해왔습니다. 고등학교 진학 후 남수는 철저히 교과목과 관련된 독서를 했습니다. 내신 전교 1등과 수능 1등급의 힘이 바로 이러한 독서에서 나온 게 아닐까요? 독서와 공부의 상관 관계를 남수가 증명해 준 셈입니다. 특히 교과 연계 독서를 제대로만 하면 이렇게 바로 확인 가능한 성과를 얻을 수 있다는 것도 보여주었지요. 남수는 독서를 통해 공부머리를 장착한 지혜로운 학생이었습니다. 학교 선생님을 활용하는 센스도 있고요. 돈 안 들이고 제대로 된 진짜 공부를 즐겼던 아이입니다.

다시 한번 말씀드리지만 독서는 공부와 별개의 것이 아니라는 인식의 전환이 필요합니다. 독서 암흑기는 아이 스스로가 만드는 겁니다. 여기에 부모님도 동참하고 있는 것이고요.

지속적인 독서는 가능한가

학년이 올라갈수록 시간이 없어 독서를 못한다는 말은 교과 성적 우선주의가 낳은 궤변입니다. 아이들의 지속적인 독서를 가로막는 근본적인 요인 중의 하나가 앞에서도 언급했듯이 독서가 공부와 별개라는 이분법적 구별이었습니다. 또한 이른 시기의 특정 과목 공부에 대한 편식, 독서 전략의 부재도 자녀를 지속 가능한 독서인으로 이끌지 못한 요인입니다.

우선 초등학교 시기 자녀의 독서를 지속하게 하려면 독서 의욕을 저해하는 환경을 제거해 주어야 합니다. 어릴 때부터 교과목 공부에 시달려서 심신을 지치지 않게 해 주고 전자기기에 빠져 게임에 중독되지 않게 균형을 잘 잡아주어야 합니다. 그리고 저학년 때는 부모가 주도적으로 도서를 선정해 주고 고학년으로 가면서 자녀 스스로 도서를 선정할 수 있도록 지혜롭게 이끌어 주세요. 독서가 공부와 별개가 아니라는 생각을 갖도록 꾸준히 설득시켜 주세요.

그리고 중·고등학교 시기 자녀의 독서를 지속하게 하려면 교과목과 관련된 도서를 선정해 교과서와 관련 도서를 병행해 읽도록 권해주세요. 상위권 학생들의 공통된 특징 중의 하나가 교과서 내용과 연계된 독서를 병행했다는 사실입니다. 성적이 잘 나와야 공부 의욕도 생기고 독서도 지속하게 합니다. 교과목과 연계된 독서는 분명 교과목 성적 향상에 도움이 됩니다. 이런 독서가 중·고등 시기 독서를 지속하게 한다고 확신합니다.

서울대가 선정해 제시한 고전 100선도 교과목과 연계된 도서입니다. 공교육 교사들, 사교육 강사들이 이 고전 100선을 수업에 활용하고 있습니다. 저도 이 목록을 교과목과 적절히 연계해 학생들을 가르쳐 큰 효과를 보았습니다. 수능 국어는 물론 논술, 탐구 영역에도 큰 도움이 되는 책들입니다.

이쯤 되면 '독서할 시간이 어디 있어요. 공부할 시간도 없는데.'라는 인식의 틀에 갇혀 있는 아이와 부모는 더 이상 없겠지요? 독서 전략을 장착하고 독서 또한 공부라는 생각으로 무장하는 순간 초·중·고 시기의 독서는 얼마든지 지속될 수 있습니다.

우리 아이 독서 자극 방법

독서도 일종의 습관입니다. 어린 시절 독서 습관은 평생 갑니다. 이런저런 이유로 우리 아이들 독서 시간이 점점 줄어들고 있는 요즘입니다. 더구나 아이 스스로 지속적인 독서를 가능하게 하는 환경도 갖추어지지 않고 있습니다. 앞에서 언급한 대로 여러 가지 독서 장애가 있기 때문이지요. 안타까운 일입니다. 아이가 어릴 때 부모가 독서 습관을 잡아주어야 합니다. 자녀의 독서 자극 방법 4가지를 소개합니다.

자녀 독서 자극 방법

◆ 첫째, 독서 감성을 자극하라

독서 감성은 독서를 유발하는 환경입니다. 자녀의 성향이나 취향을 잘 살펴서 책을 펼치고 싶은 마음이 내면에서 일어나도록 감각적인 분위기를 연출해 주세요. 강남의 코엑스 열린 도서관인 별마당은 지나가는 사람들의 독서 감성을 자극해 부지불식간에 책을 펼치게 하는 분위기를 연출한 훌륭한 예로 볼 수 있습니다. 독서 자극을 위한 좋은 아이디어죠. 저도 분위기에 끌려 책 한 권 읽고 왔으니까요.

자녀 스스로 자신의 감성에 맞는 독서 분위기를 꾸밀 수 있게 도와주면 더욱 좋습니다. 아이의 방을 독서하고 싶은 분위기로 만들어 주는 겁니다. 조금만 생각해 보면 독서 감성 자극 아이디어는 얼마든지 나옵니다. 가령 침대 머리맡에 작은 책장을 두어 잠자리 독서를 유도하는 아이디어가 아이 취향에도 잘 맞을 수 있습니다. 혹은 서점의 베스트셀러 코너처럼 전면책장을 두고 일주일에 한 번씩 진열하는 책을 바꿔주어 아이의 호기심을 유발하는 것도 방법입니다. 아이와 함께 머리를 맞대고 대화를 이어가 보세요.

아이가 책을 읽게 되는 것은 계기도 중요하지만 우선 독서를 자극하는 분위기가 먼저입니다. 작은 노력이 큰 시너지 효과를 불러올 것입니다.

◆ 둘째, 앎의 즐거움을 느끼게 하라

초등학교 2학년 독서 클럽 아이들에게 '논'에 관한 책을 읽혀 보았습니다. 처음에 아이들은 시골이라는 공간, 시골 어휘에 낯설어 흥미를 느끼지 못하다가 논 안에 올챙이, 개구리, 우렁이, 개구리밥, 참새, 메뚜기와 같은 다양한 생물종이 살고 있다는 것을 알고 관심을 보였습니다. 이 책을 읽은 아이들의 마지막 소감은 논에 대해 여러 가지를 알게 되어 재밌었다는 것이었습니다. 논에 관한 지식 습득에 만족했던 것이었죠.

아이가 앎의 즐거움을 느끼기 시작하면 지식 독서가 가능해집니다. 어린 시절의 지식 독서는 공부의 바탕이 된다는 점에서 매우 중요합니다. 이런 점에서 아이에게 지적 호기심을 불러일으키는 책을 잘 선별해 읽게 해 주어야 합니다. 초등 저학년 아이들에게는 자연친화적 책을 읽히는 것이 좋습니다. 아이들은 자연을 보고 감성과 상상력을 키우니까요. 요즘 아이들은 어릴 적 자연과의 교감이 충분히 이루어지지 못한 경우가 많습니다. 아이들 정서 발달을 위해서라도 자연과 친해지게 해주어야 합니다. 자연에 대한 지식도 쌓고 정서도 함양하고, 부모와 함께 즐거운 추억도 쌓고 일석삼조가 되겠지요.

초등학교 2학년 정윤이는 또래 아이들보다 식물 지식이 많은 아이입니다. 어떻게 그렇게 되었는지 궁금하시죠? 정윤이는 부모님과 함께 하는 주말 농장에 푹 빠져 있습니다. 그곳에서 고추, 상추, 시금치, 호박, 토마토, 고구마를 심고 가꿉니다. 자신이 심은 식물들이 얼마나 자랐을까 궁금해서 주말이 되기만을 기다린다고 합니다. 정윤이는 물만 주어도 쑥쑥 자라는 식물이 너무나 기특하고 신기했던 모양입니다. 그래서 식물 일기를 쓰고 있다고 하네요. 자신만의 텃밭 생태계 기록이지요. 이를 통해 정윤이는 자연과 식물에 대한 지식을 자연스럽게 익히게 된 겁니다. 이것이 진짜 자연 공부 아닐까요? 살아 있는 지식이니까요. 경험을 통해 쌓인 지식은 머릿속에 오래 기억되어 나중에 배우게 될 생물 공부에도 큰 도움이 될 겁니다.

◆ 셋째, 칭찬을 아끼지 마라

특히 유치원이나 초등학교 자녀를 둔 부모님은 자녀가 어떤 책을 얼마만큼 읽었든 책을 읽었다는 사실 자체를 존중하는 마음으로 칭찬을 직접 말로 해 주고 적절한 보상을 해 주세요. 요즘 아이들이 칭찬에 굶주려 있으니까요. 칭찬 한 번 받지 못하고 공부 재촉에 시달려 어린 나이부터 심신이 피폐해진 아이들도 많습니다. 칭찬은 고래도 춤추게 한다고 했죠. 특히 초등학교 저학년 아이들에게는 부모님이나 선생님의 칭찬이 보약이 된다는 사실 잊지 마세요. 칭찬과 적절한 보상을 통해 자녀를 어린 시절부터 독서로 이끌어준다면 아이는 훌륭한 독서인으로 성장할 것입니다.

◆ 넷째, 아이들과 함께 독서하라

요즘 자녀와 함께 주민센터나 구립도서관에서 책을 읽는 부지런한 부모님들이 눈에 띄게 많아졌습니다. 평일엔 하교를 기다려 아이와 바로 손잡고 가거나 휴일에 나들이 삼아 동행하기도 하지요. 손잡고 도서관 가는 부모와 자녀의 모습은 참으로 보기 좋습니다. 어린 자녀들은 이 세상에서 자신을 제일 사랑해 주는 부모님과 도서관에서 함께 책을 읽는다는 사실 자체에 심리적으로 든든함과 만족감을 느낍니다. 부모가 자녀 앞에서 독서하는 모습을 보여 주는 것은 페스탈로치식 살아 있는 교육입니다. 가능한 집에서도 부모님의 독서 모습을 자주 보여주시기 바랍니다.

중·고등 학생들과 독서 습관에 관한 이야기를 나눠 보면 대부분 유·초등학교 시절에 엄마와 함께 손잡고 도서관 갔던 일을 자랑스럽게 추억합니다. 더불어 책 읽는 습관도 그때 길러졌다고 말합니다. 독서도 습관, 공부도 습관, 그렇게 자연스럽게 들었다고 합니다. 잘 든 습관 하나가 많은 것을 이루게 합니다. 어릴 때 독서가 공부, 공부가 독서라는 인식이 아이들의 가슴속에 각인되도록 부모님이 도와주세요. 이런 부모 밑에서 자란 아이들은 공부가 일상 중의 하나라는 생각으로 스스로 공부하는 듬직한 학생으로 성장합니다. 이것이 사교육에 노출시키지 않아도 알아서 공부 잘하게 만드는 비결입니다.

우리 아이를 위한 양서(良書) 고르기

독서 관련 설문을 받아보면 부모님들이 고민하는 것 중 하나가 '우리 아이에게 무슨 책을 읽혀야 하나요?'입니다. 책을 고르는 일은 쉬운 일이 아니지요. 수많은 전집과 책 광고가 넘치는 요즘 어린 자녀에게 어떤 책을 읽혀야 조금이라도 도움이 될까를 판단하는 것은 어려운 일입니다. 한 권의 책이 자녀의 진로를 결정하는 큰 계기로 작용할 수도 있기 때문이니까요. 특히 유·초등 시기엔 더욱 그렇습니다.

　베네트는 독서의 시작은 '정평 있는 고전부터 시작하라'고 했습니다. 저도 좋은 책 선정 기준을 동서고금의 고전(古典)에 두어야 한다고 생각합니다. 고전은 시공을 초월해 사람들에게 지식과 영감을 주기 때문이지요. 이는 유·초·중·고 및 대학생이나 성인 모두에게도 두루 해당된다고 믿고 있습니다. 서울대에서 추천하는 고전 100선도 이런 맥락에서 선정한 것입니다. 물론 신간도 읽어야하지요. 지식은 시대의 흐름에 따라 변할 수 있으니까요. 그런데 신간도 사실 고전을 바탕으로 하고 있습니다. 세계의 석학들이나 리더들도 고전 독서에서 영감과 역량을 얻었다는 것은 주지의 사실입니다. 온고지신(溫故知新)이라는 말이 지금도 생명력을 갖는 이유입니다. 일단 고전이라고 불리는 것은 양서(良書)입니다. 저는 양서가 지식과 좋은 기를 주는 책이라고 믿고 있습니다. 영국 케임브리지대 학생들은 이 대학 출신인 물리학의 천재 뉴턴 동상 밑에서 그가 저술한 책을 읽는다고 합니다. 좋은 기를 받기 위한 일종의 의식처럼 행해지는 독서인 셈이겠지요.

양서는 뇌파를 자극해 지식을 쌓게 하고 알파파를 생성해 치유를 해 주기도 합니다. 좋은 자극이 뇌파를 움직여 마음을 편안하게 해 치유의 기능을 한다는 사실을 신경과학자들이 연구를 통해 밝혀내기도 했습니다.

고전을 어렵게 생각하지 않으셔도 됩니다. 초·중·고 필독 추천 도서가 학생들에게는 고전에 해당합니다. 독서 협회나 각 학교에서 추천하는 도서도 아이들에게 유익한 고전입니다. 각 도서 목록을 참고하여 우리 아이 단계에 맞는 고전을 선정해 자녀가 좋은 기를 받을 수 있도록 도와주세요.

04

시기별 독서 방법

독서는 발달 단계에 따라 맞춤형으로 실시해야 효과적입니다. 지적·심리적 성숙도에 맞는 책을 선정하여 단계적으로 독서를 해야 합니다. 신체 발달 단계에 따라 적절하게 균형 잡힌 영양소를 섭취해야 하는 것과 같은 이치입니다. 예를 들면 명작 동화는 초등 시기에 읽어야 아이가 다양한 세상을 경험하고 호기심과 상상력을 키울 수 있습니다. 아이의 지적 호기심과 감성 발달에 맞춰 적절한 책을 통해 자극해 주면 상상력과 표현력은 배가 됩니다. 이러한 맥락에서 단계에 따른 독서 방법을 소개합니다. 다음에 제시하는 시기의 구분은 절대적인 기준은 아닙니다. 요즘은 특히 아이에 따라 문해력 수준이 천차만별입니다. 내 아이를 먼저 잘 관찰해보세요. 아이의 특성을 고려하여 적절한 독서 가이드를 얻으시길 바랍니다.

1단계 유치원 시기

이 시기의 독서는 주로 부모의 주도로 이루어지며 문자언어와 음성언어의 조합에 의한 독서가 이루어집니다. 아직 한글을 떼지 않은 아이도 많기 때문에 감각적 소재를 통해 이미지 독서가 이루어지는 단계이기도 합니다. 따라서 시각, 청각 등의 감각 기관이 독서에 중요하게 작용하지요. 아이들이 구연동화에 푹 빠지는 이유도 이 때문입니다. 부모님 혹은 선생님이 읽어주시는 동화에 귀 쫑긋 세우고 집중하는 아이들의 모습은 정말 사랑스럽지요. 이 때는 동화를 통해 세상에 대한 호기심이나 상상력, 감성을 자극해 주는 것이 좋습니다. 아울러 만들기, 그리기, 이야기 재구성해보기 등 다양한 독후 활동을 통해 독서의 즐거움을 만끽하도록 이끌어 주세요.

2단계 초등학교 1~2학년 시기

이 시기는 문자를 지각하고 해독하는 문해 단계로 독서 입문기에 해당합니다. 자음과 모음의 관계를 익힌 후 어휘를 이해하고 정확한 발음으로 소리 내어 읽는 독서의 단계입니다. 이때는 그림책으로 접근하여 책과 자연스럽게 친해지게 하는 것이 좋습니다. 전래 동화나 창작동화 등 흥미 위주의 독서가 효과적입니다. 그래야 쉽게 이해하고 재미를 붙일 수 있으니까요. 이 시기는 부모님이 직접 책을 읽어주고 간단한 대화를 통해 아이가 읽은 책 내용을 확인하고 느낌을 물어보면 좋습니다. 아이에게 독서 성취감을 맛보게 해 주기 때문이지요. 초등 1, 2학년은 꾸준한 독서 습관이 길러지도록 기반을 마련하는 중요한 시기입니다.

초등학교 3학년 다솜이는 반에서 인기가 많습니다. 5분 스피치 때마다 재미있는 이야기를 아이들에게 선물해 주기 때문입니다. 어린 시절부터 동화책을 좋아해서 같은 책을 10번이고 더 읽어달라고 했던 다솜이는 초등 1, 2학년에 혼자 책을 읽는 재미에 빠져서 엄청나게 많은 책을 읽었다고 합니다. 그리고 읽은 책 내용을 엄마와 동생에게 들려주곤 했다네요. 누군가에게 이야기를 재미있게 해 준다는 것은 읽은 내용을 충분히 이해했다는 증거입니다. 게다가 듣는 사람이 즐거워하니까 이야기해 주고 싶은 욕망이 더욱 샘솟고, 그로 인해 책을 더 많이 읽게 되는 것이지요. 표현에 자신감이 생기니까 책을 더욱 가깝게 하는 독서의 선순환이 이뤄졌습니다. 다솜이 경우는 초등 1, 2학년에 읽은 책을 이야기 밑천으로 삼아 말하기 특기까지도 발견한 훌륭한 사례입니다.

3단계 초등학교 3~4학년 시기

이 시기는 기초 기능의 발달로 학습 독서가 시작되는 단계로 소리 내어 읽기나 눈으로 읽기가 혼합된 과도기에 해당합니다. 아울러 자신이 흥미를 느끼는 분야의 책을 스스로 인식하는 초기 단계, 독서 정착기에 접어듭니다. 이때는 창작동화, 전래동화, 명작동화, 학습동화 등을 자유롭게 읽게 하면 좋습니다. 또한 필요에 따라 만화로 된 학습서를 읽어보게 하는 것도 괜찮습니다. 전집류를 읽게 해도 좋고요. 가능한 다양한 영역의 독서를 안내해 주되 자녀의 성향이나 관심을 무시한 채 부모가 일방적으로 권유하지 않도록 해야 합니다. 상호 교류 없이 이뤄지는 일방적인 강요는 반발심을 불러일으켜 자칫 독서에 흥미를 잃게 할 수 있습니다. 그리고 간단한 독후 활동을 통해 독서를 점검하는 과정을 꼭 거쳐 주세요. 부모님도 아이가 읽은 책을 읽어보고 독서 대화를 나눠보아야 합니다. 아이가 읽은 내용을 잘 기억하고 말하거나 간단한 소감을 말했을 때 반드시 칭찬을 해 주세요. 작은 칭찬의 말 한 마디에도 아이가 성취감을 느껴 독서에 흥미를 유지하게 됩니다. 하루 1시간 정도의 독서 시간을 꾸준히 이어가는 것이 좋습니다. 그리고 아이 독서 속도가 빠른 것도 좋은 것만은 아닙니다. 건성건성 읽고 페이지만 넘기는 재미에만 몰두할 수도 있습니다. 충분히 이해하면서 읽게 해 주세요. 속독보다 정독이 중요합니다.

4단계 초등학교 5~6학년 시기

이 시기는 기초 기능이 숙달되어 묵독과 기초 독해가 가능한 시기로 독서를 통해 학습이 이루어지는 단계입니다. 『먼 나라 이웃 나라』와 같은 책을 통한 세계에 대한 이해도 능숙해지고, 위인전을 통한 관심 영역 탐색이 가능해지며 역사나 지리 분야의 책도 어렵지 않게 읽어낼 수 있습니다. 지식 독서를 유도할 시기입니다. 각국의 수도나 중요 도시의 특성, 역사 연표를 암기할 수도 있는 단계입니다. 암기가 왜 필요하냐고요? 글 이해에 도움이 되기 때문입니다. 지식 암기를 통해 스토리텔링도 풍부해질 수 있습니다.

지식 독서는 학년이 올라갈수록 힘을 발휘합니다. 중·고등 시기의 학습에 암기할 내용이 많아지기 때문입니다. 독서를 통해 얻은 지식이 독해는 물론 교과목 공부 이해에도 큰 도움을 준다는 점은 이제 더 이상 강조하지 않아도 되겠지요?

독서를 자연스러운 공부 습관 형성으로 이어지게 해 주는 결정적 시기가 바로 초등 고학년입니다. 이제부터는 전략적 독서에 돌입할 때입니다.

잠깐 민호 얘기를 해 보겠습니다. 고등학교 2학년 민호는 EBS 교육방송 〈장학퀴즈〉에 출연해 좋은 성적을 거두었습니다. 친구들이 걸어 다니는 역사 연표, 백과사전이라고 할 정도로 지식과 상식이 풍부한 아이였습니다. 민호는 초등학교 때 읽은 『먼 나라 이웃 나라』가 머릿속에 그대로 저장되어 있음은 물론 연표도 줄줄이 외웠습니다. 당연히 한국사, 세계지리는 늘 100점이었습니다. 이것이 바로 지식 독서의 힘이겠죠?

5단계 중학교 시기

중학교 시기는 사실에 대한 이해나 의미 파악 중심에서 고급 독해로 넘어가는 단계입니다. 즉 사실 이해를 바탕으로 추론 및 비판과 상호작용 역량이 갖추어진 심화된 시기입니다. 세계문학이나 한국문학 전집 등과 같은 다양한 세계를 경험하고 상상할 수 있고 창의력을 기를 수 있는 책을 안내해 주는 것이 좋습니다. 문학 전집류를 읽으면 자연스레 독서 호흡이 길어지는 효과를 얻을 수 있습니다. 독서 호흡이 길어야 긴 글을 중도에 포기하지 않고 읽어낼 수 있습니다. 아울러 긴 글 읽기는 오래 앉아있는 습관도 길러 줍니다.

공부 잘하는 고등학교 2학년 하영이는 시험 전에 꼭 『삼국지』를 읽는다고 합니다. 그 이유를 물어보았습니다. 『삼국지』를 읽으면 마음이 편해지고 생각이 정리되면서 시험에 대한 긴장도 어느덧 사라진다고 합니다. 중학교 때부터 가진 습관이라고 합니다. 하영이는 제가 말하는 호흡이 긴 학생입니다. 장편소설의 문맥을 짚으며 자신만의 긴 호흡, 긴 사고 습관을 만들어갔던 것입니다.

공부 집중력이 짧은 학생은 결국 성적도 낮게 나옵니다. 특히 학년이 올라가면서 공부를 잘하려면 호흡을 길게 늘려야 합니다. 공부할 것이 기하급수적으로 많아지고 집중해야 할 시간도 그만큼 많이 필요해지기 때문입니다. 그런데 요즘 대부분의 아이들은 호흡이 절대적으로 짧습니다. 그 이유 중의 하나는 어릴 때부터 쉽게 접한 미디어, 전자기기의 노출입니다. 특히 스마트폰이 호흡을 짧게 만드는 주범이죠. 순간적으로 화면을 열었다 끄고, 필요한 걸 찾고 빠져나가는 과정 속에서 자신도 모르는 사이에 호흡이 짧아지게 됩니다. 스크린식 사고가 은연중 몸에 배게 되는 겁니다. 이것은 공부 습관에도 영향을 주어 오랜 시간 앉아 공부하는 태도를 기르는 데 장애 요인으로 작용합니다.

공부 잘하는 아이들 특성 중 하나가 긴 글을 즐겨 읽거나 엉덩이 붙이고 앉아있는 시간이 상대적으로 길다는 것입니다.

고등학교 1학년 명호는 교내·외 문예 경시 대회에 나갔다 하면 상을 타는 문학소년인데 그 비결은 중학교 때 깊게 파고들었던 문학 전집이라고 합니다. 명호는 작품을 그냥 눈으로만 읽은 것이 아니라 독서 노트를 만들어 정리하며 메모식 독서를 했다고 합니다. 제가 주목한 것은 명호의 독서가 공부와 연계되어 있다는 점입니다. 이 부분이 명호를 신나게 한 것이지요. 독서를 했는데 성적까지 오르니 그럴 수밖에요. 사실 명호는 작품 속에 형상화된 세상을 상상해 보는 것만으로도 충분히 즐거운 경험이었다고 합니다. 스스로 좋아서 하는 독서는 즐거운 일입니다. 자녀의 공부도 즐거운 책 읽기식이 된다면 얼마나 좋을까요.

요즘 중학교 1학년은 자유학기제입니다. 교과 공부보다 진로를 탐색하고 자신의 특기, 적성을 발견하는 일종의 생애 설계 준비 기간 이죠. 이런 점에서 중1은 독서에 활용할 수 있는 절호의 기간입니다. 교과 선수 학습도 중요하지만 아이에게 독서 시간을 많이 갖게 해주세요. 고등학교 진학 후에는 시간이 절대적으로 부족해집니다. 학습에만 몰두해 일찍 공부에 지치게 하는 것보다 중학교, 고등학교 내내 지속적인 공부로 이어지게 하는 기초 체력, 독서에 더 비중을 두게 해 주세요.

6단계 고등학교 시기

고등학교 시기는 자기 스스로 능동적인 독서 전략을 구사하는 전략적 독서기에 해당합니다. 특히 고급 단계 독해의 역량을 바탕으로 독서 환경을 스스로 선택, 조절하는 초인지를 보여주기도 하고, 개인적 차원에서 사회적 상호 작용으로 확장하는 경향을 보이기도 하는 단계입니다. 이 시기는 문학 전집류, 대하소설이나 국내외 고전, 인문, 사회, 과학, 예술 등 다양한 영역의 책을 읽게 하는 것이 좋습니다. 이때는 부모나 선생님 등 주변의 도움에서 벗어나 스스로 책을 선택하는 독서 독립기에 해당한다는 점에서 자신의 진로와 직업 세계에 눈을 뜨도록 스스로 책을 선택하게 해도 좋습니다.

민사고 졸업 후 미국으로 유학을 간 민수는 고등학교 시절 내내 자신이 원하는 책을 스스로 선택해 읽은 아이였습니다. 초등학교 때부터 부모님과 소통하면서 스스로 책을 골랐다고 합니다. 자신의 관심과 흥미 분야를 일찍 발견한 덕분이었습니다. 민수의 민사고 진학, 미국 대학 진학의 힘이 바로 자기주도적 독서에서 나온 것입니다.

우리 아이가 어릴 때 무슨 책을 고르는지 눈여겨보세요. 그리고 아이가 선택하는 책을 존중해 주세요. 그리고 언제까지 그런 책을 선택하는지 지속적으로 살펴주시고요. 아이 미래가 달린 일이니까요. 그리고 그런 성향이 고등학교까지 이어진다면 아이 진로는 이미 결정된 겁니다. 민수 어머니도 민수에게 그렇게 독서를 유도했다고 합니다.

각 시기마다 읽어야 할 책을 읽은 학생들은 지적 성숙이 더욱 견고하게 다져졌다는 사실을 학생들을 가르치면서 알게 되었습니다. 각 발달 단계에 맞는 독서가 이루어질 수 있도록 부모가 지혜로운 독서 안내자가 되어야 합니다. 부모가 충분히 도와줄 수 있습니다.

Q. 아이가 독서 편식이 심해요.
다양한 종류의 책을 읽게 하고 싶은데
효과적인 방법이 있을까요?

A. 아이 입장과 부모 생각이 조금 다를 수 있습니다. 아이는 지금 당장 흥미로운 책을 읽고 싶어 하겠지요. 반면 부모는 편식이 건강에 좋지 않은 것처럼 독서도 특정 분야에 치우치기 보다는 다양한 분야의 책을 두루 섭렵해 보기를 바랍니다. 이 지점에서 아이와 갈등이 생길 수 있습니다.

이를 피하기 위해서는 '아이 생각과 마음 존중 → 읽고 있는 책의 내용 관련 대화 → 다른 분야의 책 권해 보기' 등의 단계를 순차적으로 접근해 보면 좋습니다. 특히 부모가 아이에게 책을 읽어주거나, 아이와 함께 책을 읽는 것도 매우 좋은 방법입니다. 또한 가지 타협 전략으로 책을 고를 때 아이가 원하는 것 1권, 부모가 권하는 것 1~2권으로 균형을 맞추는 방법도 괜찮습니다.

Q. 책은 빨리 읽는 것이 좋은가요?
천천히 읽는 것이 좋은가요?

A. 독서 속도는 아이의 독해력, 독서 습관, 독서 상황 등과 관련이 있어서 경우에 따라 다를 수 있습니다. 일반적으로는 책을 읽는 목적과 관계가 있습니다. 가령 독서를 통해 유용한 정보를 얻는 것이 목적이라면 앞뒤 맥락을 살펴보며 차근차근 읽는 것이 좋을 것이고, 즐거움을 느끼는 것이 목적이라면 빨리 읽어도 상관 없습니다. 그리고 비판적 사고력을 키우는 것이 목적이라면 2~3회 반복해서 읽어야 할 겁니다. 중요한 것은 유의미한 독서가 되어야 한다는 것이죠.

또 한 가지 중요한 것은 올바른 독서 습관을 갖게 하는 것입니다. 내용을 파악하며 읽기, 생각하면서 읽기가 습관화되어야 합니다. 그림책을 볼 때는 그림을 주의 깊게 보는 것이 중요함을 설명해 주고, 읽는 도중 혹은 읽은 후에 책 내용이나 느낀점에 대해 대화하는 등 부모의 적절한 관심과 관여는 아이들의 올바른 독서 습관을 길러주는 데 큰 도움이 됩니다.

Q. 독서기록장 꼭 써야 하나요?
독서기록장을 즐겁게 쓰게 할 방법이 있을까요?

A. 독서기록장을 쓰도록 부모가 어떻게 이끌어 주는지에 따라서 독서 효과를 극대화할 수도, 정반대로 독서 혐오증을 유발할 수도 있으니 매우 조심스럽게 접근해야 합니다. 독서기록장을 쓰는 목적이 우선 아이들에게 독서 습관을 형성시켜 주는 데 있지만, 독서 활동 자체의 즐거움도 맛볼 수 있어야 지속 가능한 독서인이 될 수 있습니다. 그러므로 단계적 접근이 필요합니다.

1단계 독서 후 책 제목 써보기(하루 독서량을 쪽수로 기록), 2단계 인상적인 부분 옮겨 적기(이유도 기록), 3단계 새롭게 알게 된 것과 자기의 생각 적어보기 등 아이의 독서 능력에 맞추어 단계별로 독서기록장 작성을 제안하면 아이도, 부모도 부담 없이 접근할 수 있습니다. 그리고 아이가 쓴 독서기록장을 부모님이 함께 살펴보고 칭찬의 표현을 듬뿍해주면 성취감을 느껴 독서기록장 작성 및 독서 동기 부여에 큰 도움이 됩니다.

3장

◇

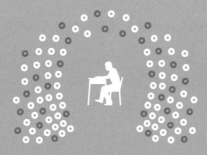

국어 공부의 완성,
독해력

독해력은 왜 필요한가

독서와 독해는 같은 듯하지만 분명 다릅니다. 독서가 거시적 읽기라면, 독해는 미시적 읽기입니다. 거시적 읽기는 이런 겁니다. 아이들은 도서관에서 이야기책을 읽을 때 스토리 중심으로 따라갑니다. 재미있으면 끝까지 한 권 뚝딱 읽고 다른 책을 고르고, 그렇지 않으면 몇 장 읽다가 덮어버리죠. 독서 노트를 옆에 놓고 문장 하나하나 의미를 파헤쳐 정리하며 읽지는 않습니다. 꼼꼼하게 분석적으로 읽을 이유가 없으니까요. 거시적 독서는 특정한 문제를 해결하기 위해서라기보다 자신의 취향에 따라 선택한 책을 즐기며 읽는 행위입니다. 반면 독해는 제시된 문제를 해결하기 위해 분석적으로 읽는 것입니다. 예를 들면 생략되거나 숨겨진 내용을 찾아내거나, 내용 이해를 바탕으로 상상하고 비판하면서 읽는 것이 독해입니다. 이것이 미시적 읽기, 촘촘하게 읽기입니다. 독해는 문제 해결을 위한 목적의식이 있는 읽기 행위입니다. 그래서 독서보다 훨씬 디테일하게 읽어야 문제를 해결할 수 있게 됩니다.

독해는 글을 읽고 의미를 이해하고 평가하는 유기적 읽기 과정에서 문제 해결력을 기르는 데 목적을 둡니다. 그래서 엄격한 읽기 자세가 요구됩니다. 주어진 글을 정확하게 읽어내기 위해 어휘, 문장, 단락의 뜻을 파악하고 종합해 전체 글의 맥락을 분석적으로 이해하고 평가하는 디테일한 사고 과정을 거쳐야 하기 때문입니다. 이런 점에서 독해는 단순한 문해 수준이 아닌 복잡한 의미 고리의 매듭을 푸는 섬세한 분석 역량이 필요한 사고 과정입니다. 쉬운 일이 아닙니다. 그러나 원리를 알게 되면 독해는 세상 무엇보다 재밌어집니다.

우리 아이에게 주어지는 문제는 모두 독해력을 요구합니다. 독해력이 어떻게 문제를 해결하는지 예를 하나 보여 드리겠습니다.

올해에도 또
모기에 물리다니
참 운이 좋군

윗글은 아이들과의 첫 수업 시간마다 소개하는 일본의 대표적 운문 17자 시 하이쿠입니다. 글이 아주 짧죠. 그런데 짧은 글 독해가 더 어렵다는 걸 아이들은 잘 모릅니다. 예상한 대로 아이들은 제가 원하는 답을 찾지 못합니다. 음절 하나하나, 단어, 어구에 대한 의미 그

물망을 찾아내지 못했기 때문입니다. 정교한 미시적 독해에 다다르지 못한 것이지요. 글이 길든 짧든 읽는 과정과 원리는 같다는 사실을 깨닫지 못한 것입니다. 이런 짤막한 독해 자신감이 생기면 긴 글 독해에도 확신이 생깁니다. 수업 현장에서 시를 잘 읽어내는 학생들이 소설도 잘 읽어내는 경우를 많이 보았습니다. 짧은 글 읽기 연습을 통해 긴 글 독해 역량이 강화된다는 사실에 주목할 필요가 있습니다.

이 짧은 글에 대해 제가 학생들에게 던진 물음은 '모기에 물렸는데 왜 운이 좋다고, 그것도 참 운이 좋다고 말했을까요?'였습니다. 제 물음에 대한 학생들의 응답은 다음과 같았습니다.

"모기를 좋아하는 사람 아닌가요?"
"사실은 운이 나쁘다는 반어적 표현 아닌가요?"
"모기에게 피를 나눠준 게 기분 좋아서 그렇게 말한 거 아닌가요?"

첫 번째는 '운이 좋다는' 부분에만 주목한 학생의 해석이라면, 두 번째는 수사적 지식 측면에만 주목한 학생으로 볼 수 있고, 세 번째는 그럴듯한 응답이긴 하나 깊이 있는 이해라고 보기엔 부족한 학생의 답입니다.

만일 여러분이라면 위 질문에 대해 어떤 답을 할 수 있을까요? 위 3가지 응답에 대해 어떤 아쉬움을 갖게 되었는지요? 무언가 부족함이 있다면 어떻게 해야 온전하게 의미를 파악해 낼 수 있을까요?

앞의 물음에 대해 제가 학생들에게 원했던 것은 다음과 같은 독해의 과정을 통한 핵심 메시지 추리였습니다. 수학 증명 문제처럼 좀 복잡해 보이시죠? 하지만 이런 독해 과정에 익숙해지기만 하면 독해 고수가 되고 재미없는 글도 즐겁게 읽게 됨은 물론 문제 해결력도 껑충 뛰게 되리라 확신합니다. 자, 그럼 독해 과정을 보실까요?

독해의 과정

과정 1. 표면 정보(사실적 사고) 파악
-나: 올해 모기에 물렸다

　　운이 좋다고 말했다

과정 2. 표면 정보의 변형(논리적 사고)
-도: 역시(보조사-의미를 더해 주는 문법 단위)
-또: 반복(부사-지속 의미)

과정 3. 세부 정보를 통한 새로운 내용 추리
-나: 작년에 이어 올해에도 모기에 물렸다(과정2를 통한 세부 정보)

　　작년에 이어 올해에도 살아있다(세부 정보를 통해 추리한 내용)

과정 4. 과정 3을 통한 물음
-나: 내년에도 모기에 물릴 수 있을까?

　　내년에도 살아 있을까?

과정 5. 이처럼 말한 이유는? (긍정적 측면에서의 핵심 내용 추리)
- 작년에 이어 올해에도 살아 있어 참 다행이다

과정 6. 핵심 내용의 키워드화
- 살아 있음에 대한 감사

과정 7. 화자의 인생관 추리(독자의 반응)
- 매사에 감사하는 마음으로 살 것이다
- 모든 생명을 존중하며 살 것이다

위 하이쿠에서 모기에 물려 운이 좋다고 말한 이유에 대해 제가 원했던 깊이 있는 답은 표현 요소의 종합을 통한 '살아 있음에 대한 감사'였습니다. 정교한 독해 과정을 거쳐야 비로소 출제자가 의도한 문제에 대한 답을 찾을 수 있게 됩니다. 정교한 독해력이 필요한 이유는 글쓴이의 의도를 정확하게 읽어내 제시된 문제를 해결하는 결정적인 힘으로 작용하기 때문입니다. 이것이 독해력을 높여야 하는 이유입니다.

"독해력을 높여라! 그러면 글 읽기가 즐거워지고 점수도 오른다. 독해력은 문제 해결의 마스터다. 독해력은 공부의 처음이자 마지막이다." 이것이 첫 수업 시간 아이들에게 외치는 저의 주문입니다.

우리 아이 독해 고수로 만드는
5가지 독해 전략

독해 전략은 글을 읽는 과정에서 주어진 정보를 탐색하고, 해석하고, 비판하는 일련의 사고 과정을 거쳐 올바른 해답을 찾기 위한 최적의 방법을 말합니다. 독해 전략을 적절하게 사용한다면 한 편의 글을 읽고 뜻을 제대로 이해하는 정확도를 높일뿐더러 시간을 단축하는 데 도움이 됩니다.

독해 전략 1. 중심 내용 찾기

중심 내용 찾기는 글쓴이가 글 전체에서 드러내고자 하는 핵심 정보를 파악하는 전략으로 중심 문장 찾기, 글의 제목 보고 생각하기, 글에 나오는 사진이나 그림을 살펴보며 글쓴이가 제시하고자 하는 핵심 내용 찾기 등의 활동이 포함됩니다.

글의 중심 내용을 찾아가는 과정은 '각 문단의 중심 문장 정리 → 제목을 보고 글쓴이가 무슨 내용을 전달하고 싶은지 생각하기 → 마지막 문단에서 글쓴이가 중점적으로 드러내고 싶은 내용 생각해 보기 → 글의 내용을 한 문장으로 써 보기' 등의 순서를 거칩니다.

아이와 책을 읽고 나서 중심 내용이 무엇인지 확인하는 과정을 꼭 거쳐보세요. 그렇게 하면 아이의 독해 도전 욕구와 성취감을 자연스럽게 고취시킬 수 있습니다. 한 가지 더 욕심을 낸다면 글을 읽고 새롭게 안 내용은 무엇이고, 더 알고 싶은 내용이 있는지를 알아보고 관련 정보 찾아보기, 관련 도서 찾아 읽기, 관련 현장 체험 해보기 등의 후속 활동으로 연결해 보는 것도 독해의 심화를 위해 도움이 됩니다. 독해를 일상 생활로 확장해 이해의 깊이를 더하는 훈련이 됩니다.

한 편의 글을 제대로 이해하려면 글 전체의 중심 내용을 찾아내는 일이 매우 중요합니다. 중심 내용이란 글쓴이가 글 전체에서 말하고자 하는 핵심을 뜻하는데 이것이 곧 글의 '주제'입니다. 만약 아이가 중심 내용을 잘 찾아낸다면 독해를 성공적으로 수행하고 있다고 믿고 안심하셔도 됩니다.

독해 전략 2. 내용 간추리기

내용 간추리기는 글의 여러 정보들을 압축하는 전략으로, 불필요한 정보 제거, 중복되는 정보 제거, 가장 중요한 정보 선택하기, 어휘 범주화하기 등의 과정을 거칩니다. 중요한 정보 중심으로 내용을 간추리는 과정입니다. 독해 과정에서 중요한 정보를 먼저 찾는 것이 무엇보다 중요합니다. 그래야 핵심에 빠르게 접근할 수 있습니다.

내용 간추리기는 글의 종류에 따라 간추리는 방식이 다릅니다. 설명하는 글과 이야기, 주장하는 글로 나누어 그 방식의 차이를 알아보겠습니다.

설명하는 글 내용 간추리기는 '문단의 중심 문장 찾기 → 문장을 이어 주는 말 찾기 → 중심 문장을 자연스럽게 연결해 전체 글의 내용 간추리기' 순서로 진행됩니다. 중요한 문장은 문단의 맨 앞이나 맨 뒤에 나온다는 것, 문장을 이어 주는 연결어 찾기가 중요하다는 것을 인식하면 쉽습니다. 일종의 공식과도 같은 이 내용을 알게 되면 아이가 글을 꼼꼼하게 읽게 됩니다. 한 문단이 여러 요소에 의해 이루어진다는 것을 깨닫게 됩니다.

이야기를 읽고 내용 간추리기는 '이야기의 흐름을 생각하며 읽기 → 시간과 장소의 변화에 따라 이야기 순서 정리하기 → 시간과 장소, 사건의 흐름에 따라 전체 내용을 자연스럽게 간추리기' 순서로 진행됩니다. 이렇게 이야기의 흐름에 따라 내용을 간추리면 전체 이야기보다 짧아져서 듣는 사람이 빨리 이해할 수 있으며, 중요한 내용이 무엇인지 쉽게 알 수 있다는 장점이 있습니다. 이때 염두에 두어야 할 것은 간추린 이야기 역시 자연스러운 하나의 이야기가 되어야 한다는 것입니다. 완결성이 중요합니다.

그리고 주장하는 글 내용 간추리기는 '문제점-결과-대안' 찾기 순서에 맞추어 독해하면 글 전체 내용을 한눈에 이해할 수 있습니다.

예를 들어 「에너지를 절약하자」와 같은 주장하는 글의 전개 방식은 대체로 문제점 제시(에너지가 낭비되고 있다.), 문제의 결과(경제적 손실), 해결 방안 제시(사용하지 않는 콘센트 끄기 등) 순서로 전개됩니다. 따라서 주장하는 글은 '문제점 - 결과 - 대안' 공식만 기억하면 쉽습니다. 이 같은 훈련을 통해 글을 한눈에 구조화하는 능력이 생깁니다. 구조화에 익숙해지면 독해 고수가 되는 일은 시간 문제입니다.

독해 전략 3. 주제 찾기

주제 찾기 전략은 글의 여러 정보 중에서 가장 일반적인 생각을 가려내는 전략으로 글의 내용 정리하기, 글을 쓴 의도와 목적 알아보기, 주제 선정하기 등의 활동이 포함됩니다. 아주 정교한 독해 과정에 해당합니다. 글을 쓴 목적을 찾아내야 하니까요. 글의 주제를 파악하는 과정은 '그림 보고 상상하기 → 글 내용 파악하기 → 인물의 마음 알아보기 → 글의 주제 알아보기' 순서로 진행됩니다.

주제 찾기와 동일한 것으로 글쓴이의 주장 내용 찾기와 글쓴이의 중심 생각 찾기가 있습니다. 주장 찾기를 할 때는 주장과 주장을 뒷받침하는 내용인 근거를 명확히 구분하는 훈련이 바로 독해 전략이 될 수 있습니다. 그리고 독해를 할 때 글쓴이의 생각을 파악하며 글을 읽으면 글의 내용을 좀 더 깊이 있게 이해할 수 있고, 글을 쓴 의도와 목적을 쉽게 파악할 수 있습니다. 나아가 글쓴이의 생각을 자신의 생각과 비교하며 읽으면 글을 더 비판적으로 읽는 시각을 키우며, 자신의 생각을 점검하는데 도움이 됩니다.

독해 전략 4. 관계 짓기

'관계 짓기'는 세 가지로 나누어 볼 수 있습니다. 낱말 사이의 관계, 인물의 행위와 생각과의 관계, 사실과 의견의 관계를 살펴보고 구분 짓거나 이어보는 작업입니다. 관계 짓기는 글을 이루는 요소를 더욱 정교하게 읽어내는 과정입니다. 책을 읽으며 반대인 낱말(예: 높다-낮다, 넓다-좁다, 크다-작다, 남자-여자)과 포함 관계에 있는 낱말(예: 꽃-장미, 개나리, 진달래, 코스모스 등/요일-일요일, 월요일, 화요일, 수요일 등) 찾기를 통해 낱말 사이의 관계를 학습할 수 있습니다. 그리고 동형어(형태는 같지만 뜻이 서로 다른 낱말)와 다의어(한 낱말에 서로 관련이 있는 두 가지 이상의 뜻을 가진 낱말)를 구별하는 학습도 할 수 있습니다.

독해의 바탕은 낱말 뜻을 정확히 아는 것부터 시작된다고 할 수 있는데, 글을 읽다가 낱말의 뜻을 모를 때는 어떻게 해야 할까요? 문맥의 앞뒤 내용을 살펴보고 상황에 맞는 뜻을 추측해 보는 수밖에 없습니다. 그리고 추측한 뜻이 맞는지 정확히 확인하기 위해서는 사전을 이용해 낱말의 뜻을 찾아봅니다. 국어사전을 활용하면 어휘의 의미 확장, 정확한 발음 확인, 표준어 여부 확인, 한글 맞춤법 확인, 외래어 표기법 확인 등이 가능합니다. 초등 저학년 때부터 사전 찾기 습관을 들이면 좋습니다. 요즘에는 인터넷 사전도 많이 이용되는데 국립국어원 표준국어대사전(https://stdict.korean.go.kr)을 추천합니다.

　다음으로 인물의 행위와 생각과의 관계 짓기에 대해서 생각해 볼 수 있습니다. 실존했던 인물의 삶과 업적을 기록한 전기문을 통해 인물의 행위에서 생각(가치관)을 찾는 훈련을 하면 도움이 됩니다. 「정약용」 전기문 예를 들어 볼까요. 정약용은 열다섯 살 때 아버지를 따라 한양으로 가서 많은 사람을 만나 학문을 배우고 익힙니다. 1792년에는 진주 목사로 있던 아버지께서 돌아가셔서 시묘를 살았고, 같은 해에 정조 임금의 명으로 거중기를 만들게 됩니다. 서른세 살 때는 정조의 비밀 명령을 받고 암행어사가 되었고, 57세가 되던 1818년에는 『목민심서』라는 책을 펴냅니다. 이처럼 많은 업적을 남긴 정약용의 발자취는 언제나 변함없는 신념의 발현으로 해석할 수 있습니다. 그것은 곧 백성을 편히 살게 하고 싶다는 바람입니다. 한 인물의 행동, 업적을 통해 그의 가치관을 읽는 훈련이 바로 관계 짓기 독해 전략입니다.

　마지막으로 사실과 의견 사이의 관계 짓기를 보겠습니다. 글을 읽고 사실과 의견을 구별하는 활동에 앞서 개념 정의를 명확히 해둘 필요가 있습니다. 사실은 실제로 있었던 일이나 현재에 있는 일을 말하고, 의견은 대상이나 일에 대한 생각을 뜻합니다. 사실과 의견을 구별해 보는 활동에서 중요한 것은 구별 근거를 명확히 하는 것입니다. 예를 들어 '우리는 울릉도에 가서 다시 독도로 가는 배를 탔다.'라는 문장은 구별 근거가 한 일에 해당되므로 사실이라고 할 수 있으며, '독도에서 동해를 바라보니 가슴이 탁 트이는 것 같았다.'라는 문장은 구별 근거가 생각이나 느낌에 해당되므로 의견이라고 할 수 있습니다. 얼핏 쉬워보일 수 있지만 사실과 의견을 구별하는 것은 비판적 독해를 위한 가장 기초적이며 중요한 능력입니다. 사실과 의견 사이의 관계 짓기 훈련을 위해 신문 사설을 활용하면 도움이 됩니다.

독해 전략 5. 추론하기

추론하기는 제시되지 않은 정보로부터 필요한 의미를 추측하는 전략으로 인과관계 추론, 인물의 특성 추론, 결과 예측, 비유적 언어 해석 등의 활동이 여기에 포함됩니다. 추론하기 전략은 글의 내용을 자세히 알아보고자 하는 탐색 과정의 하나입니다. 글에서 실마리를 발견하고 정보를 결합함으로써 글쓴이가 직접 드러내지 않은 것을 추론으로 이해하는 과정입니다. 이처럼 생략된 것을 추론하며 읽으면 글을 깊이 이해하며 한층 더 큰 재미를 느낄 수 있습니다.

아이들과는 글쓴이의 생각을 추론하는 활동, 이야기를 읽고 이어질 내용을 상상해 보는 활동, 인물의 성격을 추론하는 활동, 비유적 표현을 해석해보는 활동 등을 통해 추론하기 전략을 키울 수 있습니다.

이상 5가지 독해 전략에 대해 살펴보았습니다. 이에 더해 자녀의 독해력을 확실히 키워주고 싶다면, 배경지식을 풍부하게 쌓게 하고, 국어 시간에 학습한 내용 확인 후 적절한 피드백을 주어 기초·기본 학습 능력을 길러주세요. 또 꾸준한 독서를 통해 어휘력과 사고력, 창의력과 문제해결력을 키울 수 있도록 도와주세요. 아이에게 따뜻한 관심을 주고 적시·적정 수준의 개입을 한다면 강력한 독해 전략을 가진 독해 고수로 이끌어줄 수 있습니다.

초등 독해력 향상법

우선 초등 시기는 입시 부담이 적다는 점에서 생각하는 힘을 길러주는 것이 무엇보다도 중요합니다. 다양한 영역의 독서를 통해 배경지식을 쌓게 하는 것도 좋지만 글을 읽고 질문하는 습관을 들이는 것이 독해력 향상에 더 큰 도움이 됩니다. 아이가 질문을 많이 하게 이끌어 주세요. 질문을 많이 한다는 것은 곧 생각이 많다는 뜻입니다. 미국의 토마스 제퍼슨 고등학교 매 수업 시간은 고작 35분이라는데 전국에서 SAT 성적이 가장 높다고 합니다. 매 교시 초등 40분, 중학 45분, 고등 50분 수업하는 대한민국에서는 상상도 못할 일입니다.

명문이 된 비결이 무엇이었을까요? 그것은 바로 질문식 수업에 있다고 합니다. 교사는 질문지를 주고 학생은 질문에 대한 답을 찾는 과정에서 생기는 의문점에 대해 교사에게 다시 질문을 하는 식으로 수업이 진행되는 것입니다. 수업이 바로 질문의 연속인 셈이죠. 묻고 답하는 과정 속에서 공부가 이루어진 겁니다. 정해진 수업은 35분이지만 질문 주고받는 시간을 다 합하면 1시간을 훨씬 넘긴다고 합니다. 꼬리에 꼬리를 무는 식의 질문 학습 시스템이 갖추어지면 그야말로 다이내믹한 수업이 되지 않을까요. 아이들이 졸 시간이 어딨을까요. 교실이 무너졌다고 누가 말할 수 있을까요. 그야말로 뜨거운 열기와 즐거운 에너지가 넘치는 수업일 것입니다. 우리의 교육도 그랬으면 좋겠다는 생각을 합니다.

질문하기 다음으로 독해력의 바탕이 되는 어휘력을 길러주는 것이 중요합니다. 학년이 올라가면서 글의 내용이 조금씩 어려워지는데 이는 다름 아닌 어휘 수준이 높아지기 때문입니다. 중학교 교과서 내용을 제대로 이해하려면 초등학교 때부터 어휘력을 튼튼히 쌓아야 합니다. 잘 다진 어휘력은 수능까지 이어집니다.

독해력의 바탕이 되는 생각하는 힘을 길러라

우리 아이 독해력 향상을 위한 간단한 그림 독해부터 시작해 볼까요. 여기 다음과 같은 4단 만화가 있습니다. 문제는 말주머니 채우기를 통한 숨겨진 주제 찾기입니다. (상황: 기차에 오르던 간디의 신발 한 짝이 벗겨진 채로 기차가 출발한다.)

혹시 이 만화를 본 적이 있으신가요? 마하트마 간디 일화를 소재로 한 4단 만화입니다. 학생들과의 국어, 토론/논술 수업 시간에 생각 열기로 제가 자주 활용하는 자료 중 하나입니다. 어떻게 해야 말주머니에 들어갈 적절한 말을 찾을 수 있을까요? 그리고 숨겨진 주

제를 찾을 수 있을까요? 다음 단계에 따라 말주머니에 들어갈 내용
을 생각해 봅시다.

◆ 생각 열기 단계: 그림과 관련된 질문하기
생각 열기 단계는 문제를 해결하는데 도움이 되는 의문을 갖는 단계
입니다. 이때 배경지식이나 자신의 상상력을 동원할 수 있습니다. 위
에 제시된 문제의 답을 찾기 위해 다음과 같은 질문이 필요합니다.
  "간디는 어떤 사람일까?"
  이때 아이에게 이 물음에 대한 답을 인터넷에서 검색하게 해도 좋
습니다. 간디가 어떤 사람인지를 알면 말주머니에 넣을 내용의 방향
을 잡을 수 있습니다.

◆ 생각 모으기 단계: 그림을 보고 내용 이해에 도움이 되는 질문하기

위 그림에서 중요한 장면은 어디일까요? 간디가 차창 밖으로 신발 한 짝을 버리는 1단 장면입니다. 만일 1단에 주목했다면 다음과 같은 질문이 가능합니다.

"간디는 신발 한 짝을 왜 창밖으로 던졌을까?"

이 물음에 대한 바른 답을 찾는다면 말주머니에 들어갈 내용을 채울 수 있습니다. 이런 점에서 만화 1단은 전체 내용 흐름 이해에 결정적 도움이 되는 중심 장면인 셈입니다. 그리고 만화 3단은 간디가 신발 한 짝을 창밖에 버린 이유를 찾는 데 도움이 되는 장면입니다. 이 장면에 대해 다음과 같은 질문이 가능합니다.

"버려진 신발 한 짝에 대한 저 반응의 의미는 무엇일까?"

'떨어진 신발에 대해 어떤 사람(차림새를 보니 어떤 사람 같죠?)은 '한 짝만으로는 쓸모없는데'라는 반응을 보이고 있습니다. 간디는 바로 이 점을 미리 생각한 것입니다. 한 짝만으로는 쓸모가 없다는 걸 말이죠. 두 짝이 있어야 비로소 신발로써의 의미가 있다는 것을 생각한 것입니다. '아, 그래서 간디가 신발 한 짝을 창밖으로 던진 거구나.' 이런 이해가 가능합니다. 그렇다면 이렇게 퍼즐을 맞출 수 있을 겁니다. 스토리텔링을 해 보겠습니다.

급하게 기차에 오르던 간디는 신발 한 짝을 떨어뜨렸다. 내려서 벗겨진 신발을 주워 오려 했지만 기차가 이미 출발하고 있었다. '이럴 바에야 나머지 한 짝도 벗어던져 놓으면 누군가가 와서 주워가더라도 쓸모가 있겠지.'라고 생각한 간디는 신고 있던 신발 한 짝마저 벗어

차창 밖으로 던져버렸다.

　잘 보면 문제에 대한 답은 제시된 그림 장면에 있다는 것을 알 수
있습니다. 이런 인식이 필요합니다. '모든 문제의 힌트는 주어진 자
료 안에 있다.' 이것이 독해의 기본입니다.

　이렇게 본다면 독해력은 특별한 것이 아니라 있는 사실에 대한 이
해 과정인 셈입니다. 생각의 연결고리만 잘 찾는다면 문제는 간단하
게 풀립니다. 이런 간단한 그림 독해력이 쌓이면 문자 독해도 가능
해집니다. 그리고 아이에게 반드시 이해한 내용을 말해 보게 해 주
세요. 만일 아이가 떠듬거리면 이해가 부족한 것이고, 술술 말하면
이해가 잘 된 상태로 보시면 됩니다. 실제 교육 현장에서 같은 글을
읽혀 이해한 내용을 말해 보라고 하면 글을 제대로 이해한 아이는
손을 먼저 들고 발표하는 적극적인 모습을 보이고, 반대의 경우는
고개를 떨구기 일쑤입니다. 이제 숨겨진 주제를 찾아볼까요.

숨겨진 주제를 찾아라

주제는 글 전체에 대한 가치입니다. 주제를 찾으려면 당연히 글의
내용을 이해해야겠죠. 설령 내용을 이해했다 하더라도 아이들에게
는 주제 찾기가 쉬운 일은 아닙니다. 전체 내용을 키워드를 반영해
적절하게 압축해야 하기 때문입니다. 그래서 어려운 일입니다. 자
그럼 앞의 그림 자료의 주제를 찾아볼까요.

우선 생각 열기 단계에서 간디가 어떤 사람인가에 대한 힌트를 얻을 수 있습니다. 즉 간디가 개인의 이익보다 집단의 이익을 위해 일생을 바친 정치가였다는 사실에 주목해야 합니다. 이 사실적 정보 속에 그림 속 간디의 행위가 갖는 의미가 숨어 있으니까요. 간디가 남은 신발 한 짝마저 버린 행위에 숨어 있는 것은 바로 타인에 대한 배려, 곧 사랑의 마음이었던 겁니다. 간디가 자신보다 타자를 먼저 생각하는 삶을 살았던 사람이라는 것을 생각 열기 단계에서 이미 보았지요. 그리고 생각 모으기 단계에서 간디가 신발이 없는 누군가를 위해 자신의 신발 두 짝 모두를 버렸다는 이해를 통해 주제를 추리해 볼 수 있겠습니다.

아이에게 이러한 논리적 문맥 연결 관계를 말해 주면서 스스로 주제를 말해 보게 하는 것도 좋습니다. 비록 어설프더라도 시도가 중요합니다. 주제를 어떻게 정리해 볼 수 있을까요? '이 글을 하나의 키워드로 말하면 뭐가 좋을까?' 아이에게 물어봅니다. 만일 아이가 비슷하게 말하면 키워드를 배려, 사랑이라고 알려 주세요. 아이들은 추상적 개념어 사용을 어려워합니다. 그리고 아이에게 이 키워드를 문장으로 말해 보게 해 보세요. '타인에 대한 사랑이 중요하다', 혹은 '타인에 대한 배려가 중요하다'고 답했다면 주제를 잘 정리한 겁니다. 그때 반드시 칭찬해 주세요. 아이가 자신감을 갖게 됩니다.

이어서 앞의 그림 읽기 문제에 대한 말주머니를 채워보게 합니다. 만일 아이가 다음과 같은 내용의 범주 안에서 답을 했다면 잘 쓴 내용입니다. 그때도 또 칭찬해 주세요.

◆ 말주머니 채우기

- 2단 말주머니: 아니 선생님, 왜 신고 있던 신발을 창밖으로 던져 버리신 거죠?
- 3단 말주머니: 지나가던 사람이 신발 한 짝을 보면 '에이, 이거 한 짝이라 쓸모없잖아' 이럴 거잖아요.
- 4단 말주머니: 그래서 내가 신고 있던 한 짝도 누군가 필요한 사람을 위해 던져버렸죠.

◆ 숨겨진 주제 찾기

- 타인에 대한 사랑의 중요성
- 타인에 대한 배려의 중요성

말주머니를 채우고 숨겨진 주제를 찾으면 독해는 끝나는 것일까요? 보통 독해 지도는 이쯤에서 끝냅니다. 그러나 여기서 끝내서는 안 됩니다. 아이에게 더 물음을 던지게 유도해야 합니다. 이제부터 진짜 생각하기가 시작되어야 합니다. 무슨 질문을 더 할 수 있을까요?

"사랑이 뭐예요?"
"배려가 뭐예요? 그거 하면 어떻게 되는데요?"
"간디처럼 한다고 해서 이 세상에 가난한 사람이 없어져요?"

아이는 이런 질문을 던질 수 있습니다. 아니 엉뚱하고 더 기발한 질문을 던질 수도 있습니다. 그러니까 이런 상식선에서의 질문은 물론 기발한 질문을 할 수 있게 상황을 만들어주세요. 그리고 아이의 질문에 정성껏 답을 해주세요. 그것도 아주 이해하기 쉽게요. 그리고 적절하게 아이에게 맞장구 질문을 던지면서 아이의 답변을 들어주세요. 어설프게 답을 하더라도 꾸짖지 마시고 자유롭게 말할 수 있게 해주세요. 그래야 묻고 답하는 것을 좋아하게 됩니다. 생각을 자유롭게 펼치는 습관을 들이게 됩니다.

자, 마지막으로 아이에게 이런 질문을 던져 보세요.

"간디는 왜 자신보다 타인을 위해 사는 삶을 선택했을까?"

아이의 답변을 들어주고 칭찬해 준 뒤 부족하면 이렇게 보충해 주세요.

"간디는 자신의 삶도 중요했겠지만 남을 위하는 삶도 가치 있는 일이라고 생각했을 거야. 더불어 사는 공동체 삶을 중요한 가치로 여겼기 때문이기도 하지. 간디 같은 생각을 하는 사람이 많으면 사회가 더 나아질 거고 그게 세계로 확장된다면 평화로운 세상이 될지 모르잖니. 이런 점에서 간디의 작은 행위도 큰 의미가 있는 거란다."

부모와의 대화를 통해 아이는 세상을 좀 더 크게 보게 됩니다.

독해력 향상을 위해 초등 시기에는 생각하는 힘을 기르는데 더 큰 노력을 해야 합니다. 사실 초등 수준에서의 위 그림 자료에 대한 독해는 아주 만만한 수준은 아닙니다. 그래서 생각하는 힘이 필요한 거죠. 지식 습득도 중요하지만 성공적인 독해를 위해서는 상상력, 생각을 넓히는 작업이 우선시되어야 합니다. 그래야 독해력이 늘고 일단 독해력이 붙으면 글 읽기가 재밌어지고 글을 정교하게 읽는 습관이 생깁니다. 질문을 많이 하는 아이로 키우세요. 그리고 아이의 질문에 대충 넘어가지 마시고 정성껏 답해주세요. 그러면 생각하는 아이로 자라고 그것이 독해의 힘이 되어 문제 해결의 강자가 됩니다.

04

독해의 바탕이 되는
어휘력을 쌓아라

"선생님, 교과서 글이 잘 안 읽혀요."

"이유가 뭐라고 생각해?"

"무슨 말인지 이해가 잘 안되고, 어휘가 너무 어려워요."

"혹시 영어 단어 하루에 몇 개씩 외우니?"

"30개씩요."

"그럼 국어 어휘는?"

"따로 외우는 거 없어요."

중학교에 막 올라온 재영이와의 상담 내용입니다. 재영이의 경우 글이 잘 안 읽히는 이유는 바로 어휘력 부족입니다. 보통 글의 수준은 어휘가 좌우합니다. 사실 교과서를 비교해 봐도 초등학교 교과서에 실린 글과 중학교 교과서에 실린 글은 여러 면에서 수준이 다릅니다. 사용된 어휘 수준이 다릅니다. 중학교 교과서에는 한자어가 초등학교에 비해 많이 나오는 편입니다. 그리고 개념어도 만만치 않습니다. 한자어는 뜻을 암기해야 문장을 이해할 수 있고 개념어는 배경지식이 있어야 이해가 가능합니다. 중학교에 올라온 후 어려워진 어휘력 향상을 위한 노력의 부재가 글 이해에 어려움을 준 것은 어찌 보면 당연한 일입니다. 초등학교 때 어휘력을 쌓아야 하는 이유를 재영이 예를 통해 알 수 있습니다.

어휘력이 왜 부족할까

교육 현장에서 아이들에게 독해에서 어휘가 차지하는 중요성 정도를 물어보면 80퍼센트 이상이 어휘의 중요성을 말합니다. 초등 부모님 대부분도 자녀 독해력 부족을 어휘에서 찾고 있습니다. 국어 교사의 의견도 크게 다르지 않습니다. 특히 초등학교, 중학교 교사는 어휘의 중요성을 더욱 강조합니다. 그런데 문제는 학교에서 어휘 교육이 별도로 이루어지지 않는다는 것입니다. 어휘보다 먼저 본문 학습으로 바로 들어갑니다.

"선생님, 요즘 학교에서 아이들에게 어휘를 따로 가르치시나요?"
"아니요. 사실 어휘 교육을 먼저 하고 들어가는 게 맞는데, 요즘은 본문 독해로 바로 들어갑니다."

어휘 교육에 대해 현직 초등학교 선생님과 나눈 대화 내용입니다.

저의 초등학교 시절에는 국어 교과서에 어휘 뜻, 비슷한 말, 반대말, 본딧말, 준말, 어휘를 활용한 짧은 글짓기 등과 같은 학습 항목이 따로 있어 단원 수업 전에 선생님께서 숙제로 내주시면 달달 외워 시험을 본 기억이 납니다. 그렇게 쌓여진 어휘력이 중학교, 고등학교로 이어져 교과서 독해에 큰 문제가 없었습니다.

요즘 학생들의 어휘력이 부족한 이유는 독해에서 어휘의 중요성을 인식은 하고 있으면서도 영어 단어 암기하듯 그렇게 목숨 걸지 않기 때문입니다. 국어 어휘에 대한 절실한 인식이 부족한 것이 원인입니다. 교과서 날개 부분에 각 글마다 중요한 어휘를 따로 빼서 제시하고는 있지만 그냥 제시만 하고 있지 수업 시간에 별도로 암기시키지 않습니다. 물론 시험에 어휘 문제가 출제되긴 합니다. 공부 잘하는 학생들은 꼼꼼하게 스스로 어휘를 암기하며 시험 공부를 합니다.

이런 학교 상황을 간파한 학원에서는 위에서 언급한 어휘를 종류별로 모아 어휘집을 따로 만들어 학생들에게 암기시켜 테스트하기도 합니다. 저는 예비 중1, 예비 고1 학생들에게 수업 시간마다 어휘 20개(고유어, 한자어, 속담, 한자성어 등)를 테스트한 후 20개 다 맞으면 상금 1,000원씩 바로 현금으로 수여합니다. 의외로 아이들은 상금을 타기 위해 아주 열심히 암기해 옵니다. 이러한 노력의 결과 교과서에 실린 글은 물론 교과서 외의 글 독해 역량이 향상되었음을 확인했습니다. 자녀들에게 영어 단어와 더불어 국어 어휘도 이런 방식으로 암기하게 해보시길 바랍니다. 물론 암기할 분량은 학년이나 상황에 따라 조절 가능합니다.

우리말 어휘에는 어떤 것이 있을까

> 서적은 어떠한 종류를 막론하고, 그 저자가 많거나 간에 자기의
> 체험과 상상력 또는 추리력을 근거로 하고 토대로 삼아서 저작
> 하였기 때문에, 그들의 무한한 노고와 오랜 세월의 연마를 거쳐
> 서 이루어진 결과물이다.

윗글은 고등학교 국어 교과서에 실렸던 논설적인 글입니다. 잘 보
면 키워드 '서적'의 개념을 설명하기 위해 선택한 어휘 대부분 모두
가 한자어입니다. 즉 '서적-체험-추리력-노고-연마-결과물'은 모
두 한자어로 서적을 설명하기 위해 동원된 중요 어휘들입니다. 초·
중 시기에 한자어 지식이 없이 고등학교로 올라왔다고 가정했을 때
교과서 내용을 제대로 독해할 수 있을까요? 어림없는 일입니다. 이
것이 초·중 시기 우등생이 고등학교 진학 후 교과서를 정확하게 읽
어내지 못하고 헤매는 이유입니다. 어휘 수준을 높이지 않은 당연한
결과입니다.

국어사전을 보면 우리말보다 외래어, 특히 한자어가 대다수를 차
지합니다. 문장을 형성하는 어휘 대부분이 한자어입니다. 상황이 이
렇다 보니 아이들은 어려서부터 한자 공부에 시달리는 일이 벌어집
니다. 그래서 집에서는 한자 학습지를 시키거나 아니면 아예 한문
학원을 보내기도 합니다. 이러한 노력의 결과 초등 시기에는 집집마

다 아이들이 딴 한자 급수증이 한두 개쯤은 걸려 있습니다. 이렇게 한자를 공부한 학생들이 중학교, 고등학교에 올라가 어휘 수준이 높은 글을 척척 읽어낼까요? 물론 어릴 적 한자 공부로 간혹 독해에 도움을 받기도 하겠지만, 대부분의 학생들은 독해에 쉽게 적용하지 못합니다. 이는 오직 한자를 하나씩 따로 떼어 음과 훈을 암기하는 식으로 공부했기 때문입니다.

한자는 한 자 한 자마다 뜻이 있긴 하지만 보통 두 자 이상 결합되어야 의미 있는 어휘가 되어 문장 안에서 의미를 갖게 됩니다. 즉 특정 문장 속에서 다른 어휘들과 연계해 의미를 지닌 한자 어휘로 재탄생 됩니다. 어휘적 차원에서 한자 지식을 활용할 때 비로소 독해에 도움을 줄 수 있습니다. 자녀의 한자 공부를 이러한 방향으로 이끌어 주세요. 실제 시험에서는 고유어나 한자어의 사전적 의미, 문맥적 의미를 묻거나, 다른 어휘로의 대체, 특정 구절을 한자성어로 바꾸는 형태로 출제됩니다. 어휘는 다음과 같이 분류할 수 있습니다.

- 고유어: 순우리말로 본디부터 있던 말(사람, 바다, 바람 등)
- 한자어: 한자를 우리말로 바꾸어 표기한 말(국어(國語), 수학(數學) 등)
- 외래어: 외국에서 들어온 말이 우리말로 굳어진 말. 영어, 일본계 말이 많음(버스, 라디오, 오뎅, 시마이 등)
- 한자성어(사자성어, 고사성어): 관용적인 뜻을 담고 있는 말로 교훈적 내용도 담고 있음(새옹지마塞翁之馬, 변화가 많아 인생의 길흉화복을 알 수 없음을 뜻하는 말)

고유어는 보통 문학적인 글에 많이 쓰여 사회·문화적 특성을 드러내거나 정서를 유발하는데 기여합니다. 반면 한자어는 인문, 사회, 과학 등의 비문학적인 글에 많이 쓰여 개념어를 형성합니다. 우리말의 중요한 의미를 형성하는 어휘는 대다수가 한자어입니다. 이런 점에서 다른 어휘보다 한자어를 많이 알아야 글의 이해가 쉽습니다. 상위권 학생들이 걱정하는 부분 중의 하나가 어휘 문제입니다. 실제 시험에서도 어휘 문제를 틀려 원하는 등급을 받지 못하는 경우가 종종 있습니다.

어휘력 높이는 2가지 전략

사실 어휘만 따로 공부하는 것은 따분한 일입니다. 이것이 어휘 공부의 지속성을 가로막는 결정적인 장애 요인입니다. 그나마 영어 단어는 외국어이기 때문에 공부 잘하는 학생들도 목숨 걸고 암기합니다. 영어 성적이 잘 안 나오면 단어 부족이라고 생각할 정도입니다. 그런데 국어 어휘에 대한 중요성 인식 정도는 바로 앞에서 언급했듯이 아주 낮습니다. 그러면 어떻게 해야 지속적으로 국어 어휘를 공부할 수 있을까요?

◆ 전략 1. 독서, 독해와 연계해 어휘를 공부하라
어휘력을 높이기 위해서는 지속성을 유지해야 하는데 이를 위해 어휘를 따로 공부하지 말고 교과서 단원의 글이나 교과서 밖의 글을 읽을 때 모르는 어휘가 나오면 무조건 노트에 적고 뜻을 쓰면서 이해하도록 습관을 들입니다. 이때 모르는 어휘마다 넘버링을 합니다. 넘버링 수가 쌓여가는 것을 눈으로 확인하게 되면 성취감을 맛보게 됩니다. 이렇게 하다 보면 자기도 모르는 사이에 정리는 물론 눈이 아닌 쓰면서 하는 공부 습관이 생깁니다. 그리고 정리한 어휘를 문장과 연계해 이해한 후 암기합니다. 이렇게 하면 문맥 속에서 어휘 의미를 파악하는 힘도 길러집니다. 어휘 의미를 정확하게 모르더라도 문맥 속에서 어휘 의미를 추론하는 역량 또한 키울 수 있습니다.

아이의 어릴 때부터 어휘 공부를 이런 방식으로 이끌어 주세요. 저도 초등학교 때부터 어휘 공부를 시작해 성인이 된 지금까지도 독서할 때마다 어휘 노트를 활용하고 있습니다. 습관이 어휘력을 높여 줍니다. 어휘력이 향상되면 독해에도 자신감이 생겨 문제 해결의 힘이 생깁니다.

◆ 전략 2. 어휘를 활용해 짧은 글짓기를 하라

영어 단어 암기하듯 국어 어휘를 따로 암기하면 아이들은 금방 잊어버립니다. 그리고 어휘력이 크게 늘지도 않습니다. 그럼 어떻게 해야 하냐고요? 문장 속에서 문맥을 이해하면서 자연스럽게 익혀야 합니다. 그리고 어휘를 이해하고 암기하는 것으로 그치는 것이 아니라, 그 어휘를 사용해 스스로 짧은 글짓기를 하면 문장에 대한 이해력 또한 높아집니다. 그리고 암기한 어휘가 오래오래 머릿속에 남아있게 됩니다.

어휘, 독해, 쓰기는 유기적 삼위일체입니다. 이제부터 여러분의 자녀에게 읽기, 쓰기가 별개의 것이 아닌 하나라는 점을 주지시켜 주시고 꾸준히 어휘력을 쌓아갈 때 독서, 독해가 쉬워지고 국어 성적 또한 최상위권을 유지할 수 있다는 사실도 각인시켜 주시기 바랍니다.

취학 전 독해 포인트

유치원에 다니는 일곱 살 유정이는 요즘 동시 쓰기 재미에 푹 빠져 있습니다. 엄마가 동시를 읽어주면 유정이는 듣고 그림을 그리거나 비슷한 동시를 지어 엄마에게 읽어줍니다. 엄마는 유정이가 지은 동시를 읽고 칭찬을 아끼지 않습니다. 유정이는 매일 동시 쓸 소재를 찾아다닙니다. 글감 찾기에 이미 눈을 떴습니다. 칭찬이 유정이의 동기를 자극한 겁니다. 취학 전 아이에게 칭찬은 가장 좋은 동기 유발 방법입니다. 유정이처럼 취학 전 독해는 쓰기와 병행하는 것이 가장 좋습니다. 이해력과 상상력, 표현력이 함께 길러집니다.

초등학교 입학 전의 독해는 독서 과정 속에서 자연스럽게 이루어지게 하는 것이 좋습니다. 너무 일찍부터 독해 부담을 주면 오히려 독서에 흥미를 잃을 수도 있습니다. 성급한 마음에 독해를 강조하면 독서를 문제 해결을 위한 것으로 인식하게 합니다. 이런 점에서 취학 전 독해는 지혜롭게 접근해야 합니다. 이 시기엔 아이의 동기를 유발해 주는 작업이 무엇보다 중요합니다.

취학 전의 독해는 본격적인 독해를 위한 준비 단계입니다. 즉 글을 깨치는 단계로 문자 읽기, 문자와 소리의 관계를 이해하는 과정을 거치는 시기입니다. 이때 활용할 수 있는 효과적인 학습 도구는 낱말 카드, 그림과 같은 시각 자료, 음성 녹음 듣기와 같은 청각 자료입니다. 아마 대부분 취학 전 아이에게 이런 방식으로 접근하실 겁니다. 이때 부모님의 역할이 무엇보다도 중요합니다. 아주 부지런하셔야 합니다. 일단 문해력이 갖춰지면 다양한 방법을 동원할 수 있습니다. 이제 취학 전 적절한 독해 방법 한 가지 소개해 보겠습니다. 동시 읽기를 통한 독해입니다. 물론 아이의 수준에 따라 방법을 다르게 할 수 있습니다.

1. 동시를 읽기 전에 먼저 제목을 말해 주고 제목에 대해 생각한 것을 아이와 함께 말해 봅니다.
2. 아이에게 동시를 낭송해 주거나 아이와 함께 읽습니다.
3. 아이의 느낌, 생각을 듣고 서로 이야기를 나누어봅니다.
4. 맘에 드는 어휘나, 인상에 남는 어휘가 무엇인지 물어봅니다.
5. 노트에 동시 내용과 관련된 설명을 써 보게 하거나 그림으로 그려보게 합니다.
6. 동시와 관련된 지역을 가 보거나 소재(자연, 인공)를 직접 확인하면서 실제와 작품 속 언어를 일치시켜 독해 내용을 직접 경험하

게 유도합니다.

7. 상상이 실제로 구현된 과정 설명을 통해 상상과 현실의 세계를 구체적으로 인식하게 이끌어주며 독해 경험을 내재화합니다.

자, 그럼 아이와 함께 독해 과정에 맞추어 동시 한 편 읽어볼까요?

하늘

민태윤

아침에 일어나 세수하고
하늘을 보았어요.

너
오늘 아침
세수 안 했구나.

오늘 아침
하늘은
시컴둥이입니다.

비 올 때쯤
하늘은 영락없이

세수 안 한 얼굴입니다.

시컴둥이 시컴둥이
얼레리 꼴레리 시컴둥이래요.

너 자꾸 약 올릴래
나 세수했거든
비 올 때 난 너보다 먼저 세수한다구.

하늘은 꼭
비 올 때쯤이면
시컴둥이 얼굴로
자기 먼저 세수했다 우깁니다.

하늘과 난
서로 싸우다 정이 들었습니다.

앞에서 제시한 독해 과정에 맞춰 아이와 이렇게 문답식 독해를 해
보세요.

우선 제목 '하늘'에 대해 물어봅니다. "세상에서 제일 높은 게 뭘
까? 하늘에서 볼 수 있는 게 뭐지? 하늘엔 무슨 별이 있을까?"처럼
가능한 아이 수준에서 간단한 답을 할 수 있는 수준으로 물어보고

답하게 하는 것이 좋습니다. 상상력을 자극하는 물음도 좋습니다. 하늘에 대해 이야기하다 보면 아이가 자연스럽게 천문학에 관심을 가질 수도 있겠지요.

다음으로 아이에게 천천히 동시를 낭송해 주거나 함께 읽은 후 이해한 만큼 자유롭게 말하게 합니다. 느낌을 물어봐도 좋고요. "하늘은 언제 시컴둥이가 되는 걸까? 왜 싸우면 정이 드는 걸까?" 이렇게 묻고 답할 수 있겠죠. 이때 '정'이라는 어휘 뜻도 아이가 이해하기 쉽게 설명해 주면 좋겠습니다.

그리고 마음에 드는 어휘를 골라 말해 보게 하거나 이해한 동시 내용에 대한 스토리텔링을 하도록 해도 좋겠죠. 스토리텔링 내용을 글이나 그림으로 표현해 보게 한 후 설명을 들어봅니다. 이때 아이의 상상력을 존중해 주고 칭찬해 주면 아이가 표현에 자신감을 갖게 됩니다.

상식적인 이미지 해석의 틀에 가두지 않는 게 중요합니다. 비 오기 전 하늘을 직접 보면서 이야기를 나눌 수도 있습니다. 실제 하늘과 동시에 표현된 내용을 연관 지어 설명해 주면 아이의 이해를 도울 수 있겠죠. 아이가 살아있는 경험을 하게 되는 셈입니다. 하늘이 컴컴해지면 비가 올 것이라는 예측도 할 수 있게 됩니다. 그리고 동시에 구현된 상상의 세계에 대해 이야기를 나누어 보세요. 아이가 만일 "하늘도 세수를 해요? 어떻게 하늘과 싸우지?" 라고 물어본다면 상상의 세계에 대한 대화를 자유롭게 이어가시면 됩니다. 글쓴이의 상상력을 마음껏 표현할 수 있는 것이 바로 시라는 것을 아이가 이해하게 설명해 주면 되겠죠. 아이가 상상적 표현을 이해하기 시작하면 생각이 열리게 됩니다. 사물이나 현상을 보는 관점이 다양해지고 그에 대한 표현도 과감하고 다채롭게 됩니다. 취학 전 우리 아이의 생각을 열어 주는 것, 이것이 독해 포인트입니다.

초등 독해 포인트

만화도 훌륭한 독해 자료다

아이들이 만화를 좋아하는 이유는 무엇일까요? 만화의 어떤 매력이 아이들을 사로잡는 걸까요? 무엇보다 만화는 재미가 있습니다. 만화 속에는 무궁무진한 상상의 세계가 흥미진진하게 펼쳐져 있으니까요. 그리고 눈으로 스토리를 따라가기만 해도 내용이 바로바로 이해되기 때문에 높은 수준의 독해력 없이도 술술 넘기며 즐거워합니다. 내용을 이해한다는 것, 이게 바로 독해가 이루어졌다는 겁니다. 재미도 바로 내용 이해에서 비롯되는 것이죠. 이해를 못 하면 재미를 못 느낍니다. 이것이 만화의 가장 큰 장점입니다. 만화는 내용을 쉽게 이해하게 합니다.

우리 아이들이 글도 이렇게 즐겁게 읽어내면 얼마나 좋을까요. 아이들이 만화를 즐겁게 읽는 이유는 그림 읽기에서 출발한 유아기적 독해 경험이 머릿속에 남아 있기 때문일 수도 있습니다. 그러나 학년이 올라가면 아이들이 만화를 붙잡고 낄낄거리는 것을 부모들은 더 이상 용납하지 않습니다. "넌 지금이 얼마나 중요한 땐데 아직도 만화에 빠져 있는 거야? 공부를 해야지 공부를!" 하면서 만화 금지령을 내립니다. 이제는 만화가 더 이상 독서가 아니라고 판단한 거죠. 만화는 읽기 자료가 아닌가요? 제 생각은 '노'입니다. 만화도 훌륭한 읽기 자료입니다. 그래서 초기 독해 단계에서는 그림을 통한 내용 이해 연습이 독해력을 끌어올리는 좋은 방법입니다. 일방적으로 만화 금지령을 내릴 것이 아니라 아이가 그림 읽기를 문자 읽기 단계로 자연스럽게 넘어가도록 이끌어 주세요.

고1 때 만난 재승이는 엄청난 만화광이었는데 지금도 재승이 방에는 초등학교 때 본 만화가 책꽂이에 가득 진열되어 있습니다. 소장용으로 보물 모시듯 보관하고 있었습니다. 지금 재승이는 서울대 공대에 합격해 공학도의 길을 걷고 있습니다. 재승이는 언제나 발상과 표현이 남달랐던 학생이었습니다. 만화에서 많은 영향을 받았다고 합니다. 물론 저는 만화 예찬론자는 아닙니다. 그림이든 만화든 모두 독해 자료가 될 수 있음을 시사하는 것입니다. 아이가 흥미를 느끼는 것에서 독해가 시작된다는 사실에 주목할 필요가 있다는 겁니다. 아이의 상상력을 자극해 생각하는 힘이 길러진다면 만화는 훌륭한 독해 자료라는 게 저의 지론입니다.

독해는 내용 이해를 의미합니다. 내용 이해가 되면 재미를 느끼게 되고 읽기에 자신감이 생겨 읽기 욕구도 더 강해집니다. 내용을 이해하는 힘 이것이 독해력입니다. 독해력이 있으면 문제 해결력도 높아집니다. 공부 잘하는 아이들은 기본적으로 독해력이 높습니다. 독해력은 국어는 물론 영어, 수학, 사회, 과학, 역사 등 모든 교과목 성적에도 영향을 줍니다. 그러면 초등 시기의 독해는 어떻게 해야 할까요? 중학교로 이어지는 초등 시기의 독해력 향상을 위해 무엇을 해야 할까요?

초등 1~2학년

이 시기는 문자를 해독하는 단계로 학습한 문자 지식을 바탕으로 그림과 같은 시각이나 듣기와 같은 청각보다 언어적으로 접근하는 독해의 단계입니다. 이때 유의할 것은 발달 단계에 맞춰 아이들의 흥미를 유발 할 수 있는 문학 작품을 선정해 주어야 한다는 것입니다. 어휘력이 부족해도 이해할 수 있을 정도의 독해 연습이 가능한 동화책이 좋습니다. 동화책을 읽고 주인공과 줄거리를 말해 보게 하고 독후 감상을 간단하게 글로 써 보게 하거나 그림으로 그려 보게 하면 좋습니다. 초등 1~2학년은 이해(읽기, 듣기)와 표현(말하기, 쓰기)력 함양의 바탕이 되는 첫걸음을 떼는 단계라는 점에서 중요한 시기입니다.

초등 3~6학년

이 시기는 독서 독립이 가능한 시기로 자녀 스스로 도서를 선정해 독해할 수 있는 환경을 만들어 주는 것이 좋습니다. 이 시기는 글을 읽고 의미를 이해, 해석한 후 평가하는 독해의 단계입니다. 단순한 독서가 아닌 독해라는 점을 인식하시고 자녀가 읽은 글을 노트에 정리하는 습관을 갖도록 이끌어 주세요. 그리고 읽은 내용에 대해 자녀와 소통하면서 내용 이해 여부와 정도를 확인하는 일이 중요합니다. 가능하면 읽은 내용과 관련된 문제를 제시해 독해 완성도를 높이는 작업을 해 주시면 더욱 좋습니다. 이 시기는 중학교 독해로 이어지는 중요한 길목이라는 점을 인식하시고 독해의 기본기를 견고하게 닦는 것에 초점을 맞추어 자녀를 이끌어 주시길 바랍니다.

07

중학교 독해 포인트

교과서 독해가 답이다

제가 교과서 독해에 주목한 이유는 우선 학생들이 교과서를 스스로 독해해 보려는 시도를 하지 않는다는 사실 때문이었습니다. 학생들이 교과서 독해는 선생님의 전유물로 생각하고 있었습니다. 선생님이 분석해 주는 것을 그냥 받아먹기만 하는 식이었습니다. 즉 선생님 독해를 따라가며 밑줄 치고, 설명 듣고, 정리하고, 그렇게 수동적인 독해가 이루어지고 있습니다. 물론 토의-토론 단원에서는 조별로 발표 수업이 이루어지긴 하지만 이는 독해와는 좀 다른 차원이죠.

학생들은 시험 대비를 위해 선생님의 일방적 독해를 따라가야만 하는 학습 상황에 놓여 있습니다. 스스로 교과서를 독해한다는 것은 불가능한 현실입니다. 특히 고등학교에서는 더욱 그렇습니다. 그래서 독해보다는 시험에 무엇이 나올까에 더 촉각을 세우게 됩니다.

그러다 보니 독해력보다 이미 학습한 내용을 암기하는 수준에서 끝나버리게 됩니다. 그렇다고 성적이 잘 나오는 것도 아닙니다. 그리고 시험이 끝나면 까맣게 잊어버리지요. 이런 식의 수동적 독해는 내신이나 수능에서 좋은 성적을 받을 수 없습니다. 특히 모의고사나 수능 시험에서는 배우지 않은 낯선 글이 나오기 때문에 더욱 성적이 안 나오게 됩니다.

그러면 어떻게 해야 내신, 모의고사, 수능 성적 세 마리 토끼를 다 잡을 수 있을까요? 네, 교과서를 제대로 독해하는 연습을 하는 겁니다. 선생님의 일방적 독해 수업에 만족하지 말고 독해 전략에 맞추어 스스로 다시 독해해 보는 겁니다. 예습 차원에서 미리 해볼 수도 있습니다. 중요한 것은 스스로 해 본다는 것이죠.

제가 교과서를 집필해 본 경험을 토대로 단언하건대, 교과서는 독해력을 쌓는 가장 좋은 연습 자료입니다. 교과서는 독해 원리를 바탕으로 단원을 구성하고 학습 목표를 설정한 후 그에 적절한 글을 제시합니다. 그리고 절차에 따라 독해를 안내합니다. 이런 점에서 교과서는 독해 연습으로 가장 모범적인 텍스트입니다. 만일 교과서를 스스로 독해하는 능력만 길러진다면 어떤 시험이든 성적은 보장됩니다. 자기주도적 교과서 분석력만 생기면 국어 1등급 충분히 가능합니다.

교과서 이렇게 읽으면 중학교 내신 1등급 받는다

중학교 시기는 초등에서 길러진 사고력과 어휘력, 독해력을 바탕으로 본격적인 독해가 이루어진다고 보시면 됩니다. 자유학년제인 1학년을 지나 2학년부터는 성적이 점수화되어 기록되기 때문에 이 시기의 독해는 결국 성적을 위한 독해입니다. 이런 점에서 중학교 시기의 독해는 전략적으로 접근해야 합니다. 성적을 잘 받으려면 무엇을 중요하게 생각해야 할까요? 이 물음에 대한 답은 바로 교과서입니다. 왜 교과서일까요? 중학교 교과서 내용이 초등 시기의 교과서 내용보다 어려워져 정교한 독해가 필요하기 때문입니다. 따라서 어려워진 교과서 내용을 제대로 읽어내는 독해력을 길러야 합니다. 초등 우등생이 중학교에서 헤매는 이유는 어려워진 교과서 내용에 대한 대비가 없었기 때문입니다. 즉 중학교 독해 전략이 없었던 것입니다.

그럼 어떻게 교과서를 독해해야 할까요? 교과서 구성 체제에 맞추어 독해하는 것이 가장 좋은 방법입니다. 성적을 잘 받기 위해서 말이죠. 그러니까 좋은 점수는 다름 아닌 성공적인 교과서 독해에서 나온다고 할 수 있습니다. 이 평범하고도 중요한 기본을 무시해 점수를 엉망으로 받아 공부에 흥미를 잃은 아이들을 교육 현장에서 많이 보았습니다. 이러한 현상은 고등학교로 그대로 이어집니다. 중학교는 교과서 독해가 무엇보다 중요합니다. 그럼 성공한 아이와 실패한 아이 예를 들어보겠습니다.

중학교 2학년 성현이는 시험 때만 되면 바쁩니다. 친구들과 학원 내신 문풀(문제풀이) 특별반에 등록하고 학교 수업 끝나자마자 바로 학원으로 달려갑니다. 밤 10시까지 문제 풀고 숙제도 잔뜩 받아옵니다. 학교 수업 시간에도 학원 숙제하기 바쁩니다. 성현이의 문제 풀이 양은 그 누구보다 많을 수밖에 없겠죠. 그런데 이상한 건 막상 시험을 보고 나면 성적이 좋지 않다는 겁니다. 시험이 끝나면 풀이 죽은 성현이를 마주합니다. 성현이는 초등학교 때부터 이런 식으로 공부했다고 합니다.

성현이의 가장 큰 문제점은 무엇일까요? 많은 양의 문제를 풀고도 좋은 성적을 내지 못한 이유가 무엇일까요? 결정적인 이유는 학교 수업을 무시했다는 점입니다. 학교 시험은 학교 공부를 무시하면 절대 좋은 성적을 받지 못합니다. 이는 기본 중의 기본입니다. 그런데 아이들은 달콤한 유혹에 빠져 시험 때만 되면 학원으로 먼저 달려갑니다. 학교 시험의 주체는 학원 강사가 아니고 학교 선생님이라는 것을 잊나 봅니다. 학원에서 더 정리를 잘해 준다는 선입견에 사로잡혀 있습니다.

학원은 흔히 질보다는 양으로 승부하려고 합니다. 있는 문제 없는 문제 이리저리 싹 다 끌어모아 아이들에게 문제 세례를 합니다. 학교는 학원만큼 아이들에게 문제를 많이 제공하지 않고 기본적인 양만 줍니다. 학습 목표에 맞추어 수업한 후 간단한 보조 자료만 줍니다. 아이들 눈에는 학교 수업이 학원에 비해 상대적으로 공부량이 적게 보이나 봅니다. 그래서 학원을 찾게 됩니다.

학원에서의 공부량은 상당한데 성적이 잘 안 나오면 바로 학원을 끊는 게 좋습니다. 차라리 그 시간에 교과서를 한 번 더 읽는 것이 도움이 됩니다. 학교 수업이 중요하다는 생각을 하는 순간 아이들 성적이 올라갈 확률이 더 높아집니다.

고등학교 1학년인 상준이는 학원보다 학교 공부를 가장 중요시하는 학생입니다. 상준이는 중학교 3년 내내 1등을 놓치지 않았고 고등학교에 올라와서도 전교 1등을 놓치지 않았습니다. 상준이는 평소 학교 수업에 집중하고 수업 내용을 철저히 복습합니다. 시험이 임박하면 교과서를 정독하며 중요한 내용을 자유 노트에 정리합니다. 그리고 단원의 길잡이나 학습 목표에 맞추어 교과서 내용을 다시 정독하며 정리 노트를 보강합니다. 교과서 중 상준이가 가장 공을 들이는 부분은 학습 활동입니다. 이렇게 교과서 내용을 정복한 후 상준이는 전년도 기출문제를 분석한 후 공부 포인트를 한 번 더 확인합니다. 그리고 단원 평가 문제집으로 마지막 마무리를 합니다.

자, 그럼 여기서 상준이 공부 방식의 성공 요인을 한번 분석해 볼까요. 우선 학교 공부를 가장 중요하게 생각하고 있다는 점, 교과서 독해에 충실했다는 점, 그리고 학원에 의지하지 않고 자기주도적으로 공부했다는 점을 성공 요인으로 꼽을 수 있습니다. 문제 풀이가 우선이 아닌 교과서 내용 이해를 우선시했다는 것도 좋은 성적의 비결입니다. 특히 단원 학습 목표를 인식하고 단원의 길잡이를 교과서 본문 독해에 활용했다는 점이 칭찬할 부분입니다. 대부분의 아이들은 학습 활동의 중요성을 잘 모릅니다. 그런데 상준이를 포함한 공부 우등생들은 학습 활동을 아주 중요시합니다. 학습 활동은 단원 학습 내용을 확인하는 문제로 선생님들이 문제 출제의 근거로 활용합니다. 상준이는 그것을 알고 있었던 겁니다. 특히 학습 활동은 주관식 출제의 중요한 자료입니다. 저도 공교육 재직 시절 학습 활동을 문제 출제의 기본으로 삼았습니다.

상준이는 초등학교 때부터 이런 방식으로 공부해 온 아이였습니다. 시험 보기 전까지 상준이는 보통 교과서를 10회 정독합니다. 이렇게 해서 독해의 달인이 된 거죠. 교과서 정복자가 결국 우등생이 되는 것입니다.

성공적인 교과서 독해 전략 3가지

성공적인 독해를 위해서도 전략이 필요합니다. 정교한 독해 전략이 장착되면 글을 정확하게 독해해 제시된 문제를 해결할 수 있습니다. 그러면 성공적인 교과서 독해 전략은 무엇일까요?

독해 전, 독해 중, 독해 후, 3단계 과정을 거쳐야 합니다. 각 단계는 긴밀하게 연관되어 있으며, 이 3단계를 거치는 과정에서 한 편의 글을 완전하게 이해하게 됩니다. 거듭 강조하지만 교과서는 독해의 가장 좋은 자료입니다. 교과서 독해에 숙달이 되면 다른 글도 잘 읽어내는 힘이 길러집니다.

◆ 1단계 독해 전 전략
독해 전 전략은 배경지식을 활용해 본문 글과 미리 상호작용하는 단계입니다. 이는 본문 글 내용을 독해하는 데 도움이 됩니다. 초등 시기의 생각 열기 단계와 같습니다.

보통 국어 교과서는 아래와 같은 체제로 구성되어 있습니다. 이 체제는 출판사 마음대로 정하는 것이 아니라 교과부에서 교과서 집필 기준으로 내려준 것입니다.

1. 대단원

2. 대단원 길잡이

3. 대단원 학습 목표

4. 중단원: 소단원(2~3개)

5. 소단원

6. 소단원 학습 목표

7. 소단원 미리 해보기

8. 소단원 본문

9. 소단원 학습 활동

10. 소단원 마무리(학습 내용 요약·정리)

11. 대단원 마무리

12. 더 읽기(소단원 학습 관련 보충 독해)

상당히 복잡해 보이나요? 그런데 잘 보면 독해 과정을 순서대로 안내하고 있다는 점에서 오히려 간단합니다. 순서만 잘 따라가면 됩니다. 이 과정만 익숙해지면 교과서 독해는 끝입니다.

위 교과서 구성 체제에서 독해 전 전략은 '1. 대단원 제목 2. 대단원의 길잡이 3. 대단원 학습 목표 4. 중단원 6. 소단원 학습 목표 7. 소단원 미리 해 보기' 읽기입니다.

공부를 잘하는 학생은 특히 학습 목표에 주목합니다. 학습 목표는 단원에서 반드시 성취해야 할 요소이기 때문에 시험에 100% 출제됩니다. 이는 독해 포인트에 해당합니다. 따라서 학교 성적을 잘 받으려면 학습 목표에 맞추어 독해해야 한다는 사실을 잊지 말아야 합니다.

교과서 소단원 미리 해보기는 본격적인 독해를 위한 워밍업 성격의 예비 학습입니다. 소단원 제재와 연관되어 있다는 점에서 이 또한 중요시해야 합니다. 왜 그럴까요? 학교 내신 시험 출제의 대전제에 해당하기 때문입니다. 보통 학생들은 이 부분을 무시하는데 독해 전 활동의 중요성을 인식하지 못한 데서 오는 위험한 태도입니다. 단원에서 무엇을 중요하게 생각하는지 모르면 시험 문제 출제 방향을 잡지 못하고 그저 공부만 하고 점수는 잘 받지 못하는 결과를 초래합니다.

독해 전 전략 단계에서는 제시된 글의 제목이나 그림 자료를 자신의 배경지식을 동원해 전개될 내용을 예측합니다. 글 제목에는 필자의 의도가 압축적으로 제시되어 있기 때문에 제목에 대한 탐색은 글 속 정보와의 사전 소통 행위입니다. 그림 자료 또한 글 내용을 뒷받침해 주는 보충 자료이기 때문에 이에 대한 탐색은 전개될 글 내용 예측에 큰 도움이 됩니다. 독해 센스가 있는 학생들은 교과서 단원 공부 전 제목이나 부수적 자료와 교감하는 작업을 먼저 합니다.

저는 독해 수업에서 독해 전 전략을 항상 강조합니다. 독해 전 전략은 주어진 글을 정확하게 읽어내는데 중요한 역할을 합니다. 교과서 집필자들이 특히 독해 전 부분에 신경을 많이 쓰는 이유도 여기에 있습니다.

◆ 2단계 독해 중 전략

읽기 중에는 무엇을 읽어야 할까요? 우선 소단원 학습 목표 중심으로 읽어야 합니다. 마구잡이로 방향 없이 읽어서는 좋은 성적을 받을 수 없습니다. 소단원 학습 목표가 시험 출제 근거이기 때문입니다.

독해 전 전략이 일종의 워밍업이었다면 독해 중 활동은 바로 독해의 본격 단계에 해당합니다. 이 단계에서 독해력은 판가름 납니다. 본문 학습의 포인트는 글쓴이의 주장이나 주장에 대한 근거 찾기, 내용 전개의 논리성, 주장 내용의 타당성 판단하기입니다. 이는 글에 대한 정확한 독해가 바탕이 되어야 가능한 부분입니다.

글을 정확하게 독해하기 위해서 무엇을 해야 할까요? 우선 어휘를 바탕으로 한 문장 이해, 단락에 제시된 정보나 중심 내용, 문장 간 단락 간 관계 등을 파악해야 합니다. 이 단계 학습 내용은 고스란히 시험 문제에 출제된다는 점에서 가장 견고하고 치밀하게 읽어야 한다는 점을 강조합니다.

① 제목 읽기

글 읽기 중 제목 읽기가 중요한 이유는 소단원 글 내용을 상상해 볼 수 있기 때문입니다. 그리고 어떤 내용이 문제화될 것인지 예측 가능하게 합니다.

② 어휘 읽기

어휘는 문장을 이루는 기본 요소이자 의미 생성의 바탕이라는 점에서 중요합니다. 어휘를 바탕으로 정보가 제시되고 문장의 의미가 비로소 형성되니까요. 글을 읽기 시작하면서 눈에 제일 먼저 들어오는 것이 어휘입니다. 글이 어려워지는 건 바로 어휘 수준이 높아지기 때문입니다. 이는 초등학교 교과서 글과 중학교 교과서 글을 비교해 보면 바로 알 수 있습니다. 글 읽는 중에 어휘가 쏙쏙 들어오면 글이 쉽게 읽히고 그렇지 않으면 글을 이해할 수 없어 흥미를 잃게 됩니다. 그러니 안 읽히는 어휘를 따로 정리해서 암기해야 합니다. 뾰족한 다른 방법이 없습니다. 특히 한자어가 문제입니다. 실제로 수능 시험에 한자의 사전적 의미를 물어보는 문제가 출제되기도 합니다. 중요한 개념이 주로 이 한자어를 통해 제시됩니다. 따라서 한자어를 중심으로 암기하되 유의어(비슷한 말)나 반의어(반댓말)도 함께 읽어내는 게 중요합니다. 더불어 어휘와 관련된 생각을 확장해 보는 것도 어휘 읽기에서 병행하면 더욱 좋습니다.

③ 문장과 단락 읽기

이미 제목과 어휘 읽기에서 본문 내용이 머릿속에 대략 스캔이 되었을 텐데요. 이를 바탕으로 첫 단락부터 차례로 읽으면서 문장을 잡아나갑니다. 진짜 독해의 시작입니다. 시험 문제를 해결하는 가장 결정적인 힘이 되는 부분입니다.

머릿속에서 순간적으로 생각이 떠올라야 하고, 생각을 다른 어휘로 바꾸고 문장을 변형해야 하는 그야말로 전광석화처럼 해치워야 하는 단계입니다. 만일 이 순간 우리 아이 뇌를 단층 촬영한다면 그 모습은 아마 베테랑 어부가 투망을 치는 모습일 겁니다. 찰나의 작업인 셈이죠.

④ 개념 지식 적용 읽기

주장하는 글은 논설 글에 해당하는데 이러한 글을 읽는데 필요한 개념 지식이 몇 가지 있습니다. 주장, 근거, 논증, 논증 방식 등을 알아야 합니다. 또 논증 방식에 해당하는 연역, 귀납, 유추 등과 같은 개념이 있습니다. 우선 개념어를 간략하게 정리하면 다음과 같습니다. 아래 개념은 지식에 해당하므로 머릿속에 반드시 입력되어 있어야 문제를 해결할 수 있습니다.

- 주장: 자기의 생각을 내세움
- 근거: 주장을 뒷받침하는 구체적인 예
- 논증: 근거를 바탕으로 주장을 증명하는 일
- 연역: 일반적 원리 제시 후 구체적 사실을 통해 결론을 이끌어 내는 논증 방식
- 귀납: 구체적 사례를 통해 결론을 이끌어 내는 논증 방식
- 유추: 두 대상의 유사 속성을 통해 새로운 사실을 추론해 내는 논증 방식

◆ 3단계 독해 후 전략

독해 전, 독해 중 단계 못지않게 독해 후에도 할 일이 많습니다. 이때에도 소단원 학습 목표가 마무리의 중요한 기준이 됩니다. 즉 글쓴이의 주장과 근거 파악, 논증 방식 파악을 위해 글 세부 내용 이해, 글 전체 내용 요약, 글의 구조, 글 전체 주제 파악이 필요합니다. 더불어 새로 알게 된 내용이나 깨달은 점, 글쓴이의 관점 비판, 독해 과정에 대한 자기 진단 등 독해 후 마무리가 만만치 않습니다. 마무리는 소단원 학습 활동을 통해 가능합니다. 이 모든 것이 소단원 학습 활동에 고스란히 문제화되어 있기 때문이죠. 학습 활동이 선생님의

문제 출제 은행이 되는 셈입니다. 독해 전, 독해 중 단계를 견고하게
거친 학생들은 학습 활동 문제를 재밌게 풀 수 있습니다.

마지막으로 아래의 독해 자기 진단 체크 리스트를 통해 독해 전략
전반에 대한 자기 점검 과정을 거치면 독해에 도움이 됩니다. 자기 진
단 체크 리스트는 독해의 세 과정 모두 중요하다는 것을 시사합니다.

독해 자기 진단 체크 리스트

단계	체크 항목	그렇다	아니다
독해 전	• 제목과 글 내용을 예측해 보았다.	☐	☐
	• 제목과 연관된 배경지식을 떠올려 보았다.	☐	☐
	• 글에 따른 독해 방법을 생각했다.	☐	☐
독해 중	• 글을 구조화하면서 읽었다.	☐	☐
	• 글 구조를 파악하며 읽었다.	☐	☐
	• 나의 예측 내용이 맞았는지 확인했다.	☐	☐
	• 필자의 관점을 파악하며 읽었다.	☐	☐
독해 후	• 독해 후 주제를 파악했다.	☐	☐
	• 필자의 관점을 비판해 보았다.	☐	☐
	• 나의 읽기 방법을 점검했다.	☐	☐

독해 전, 중, 후 모든 단계가 총 망라된 것 보이시나요? 촘촘한 자
기 진단 체크 리스트를 통해 자신의 독해 과정에 대한 성찰이 가능
해집니다. 우리 아이가 글을 읽은 후 이렇게 자기 진단 과정을 거친
다면 분명 독해의 달인으로 등극할 것입니다.

마지막으로 소단원 관련 사고 확장이 가능한 '엮어 읽기 자료'가

제시됩니다. 그럼 어떤 보충 글이 제시될까요? 소단원 내용과 유사한 관점이 드러나는 주장 글일 수 있습니다.

이렇게 대단원 독해 한 사이클이 끝납니다. 이때 '더 읽기 자료'도 학습 활동과 마찬가지로 시험 문제 출제 대상이라는 점에서 소홀히 해서는 절대 안 됩니다. 선생님들은 '더 읽기 자료'를 소단원 글과 연계해 문제를 출제하곤 합니다.

정보 변형 능력 강화가 중요하다

중학교 독해에서 제가 가장 강조하고 싶었던 것이 바로 정보 변형 능력 강화입니다. 이는 깊이 있는 독서와 독해를 가능하게 하고 문제를 해결하는 결정적인 힘으로 작용하기 때문입니다. 제가 말하는 정보 변형은 주어진 글에 드러나는 표면적 정보를 유사한 다른 말로 바꾸어 내용을 재구성해 이해하는 능력을 말합니다.

그런데 정보 변형 능력은 다양한 영역의 독서를 통한 배경지식이 뒷받침될 때 가능한 일입니다. 이것이 정보 변형 문제를 학생들이 어려워하는 이유입니다. 실제 시험에서도 정보 변형 능력을 바탕으로 한 문제가 가장 많이 출제되고 있습니다. 정보를 변형하며 독해하는 수준에 이른 학생들은 시험에서 거뜬히 1등급을 받습니다. 정보 변형 역량의 힘입니다. 이는 독해력 고수들의 공통된 특징입니다.

"선생님, 문제 풀 때 선택지 내용을 제시문에서 찾기가 어려워요. 도

대체 선택지는 어떻게 구성되는 거예요?"

"있지, 너 선택지는 무엇을 바탕으로 구성되는지 아니?"

"글쎄요, 제시문을 바탕으로 하는 거 아닌가요? 그렇게 들었어요."

"그래, 그럼 왜 선택지 내용을 제시문 내용에서 못 찾는 거지?"

"봐도 제 눈에는 잘 안 보이던데요. 아, 몇 개는 비슷하게 보이기는 해요."

"그래, 네 말대로 몇 개는 그런대로 보일 거야. 아마 한두 개 정도는 제시문과 거의 비슷할걸. 나머지가 문제지. 그게 바로 정보를 변형해서 다른 말로 표현했기 때문이야."

특목고를 준비하는 중상위권 성적의 중학교 3학년 성규와의 상담 내용입니다. 성규는 정보 변형 표현 능력이 부족해 상위권으로 도약하지 못한 경우에 해당됩니다. 독해는 나름 했지만 독해 후 기억된 정보를 다른 말로 바꾸는 역량이 결여되어 있었습니다. 독해의 고수가 되기 위해서는 정보를 자유자재로 변형하는 능력이 있어야 합니다. 정보 변형 역량은 성적을 상위권으로 끌어올리는 결정적 요인입니다. 정보 변형 역량이 없는 학생은 문제 해결력이 떨어지고 상위권으로의 진입이 불가능해집니다.

정보 변형 표현 역량이 부족한 가장 결정적인 이유는 수동적 공부 태도 때문입니다. 앞서 설명했듯이 교사는 일방적으로 글을 분석하고 학생은 수동적으로 받아 적는 식으로 공부합니다. 이는 학생 스스로 의미를 해석하고 추리해 자신의 언어로 내용을 재구성하면서 읽는 습관을 들이지 못하게 합니다. 다른 교과목도 예외는 아닙니다. 초등학교나 중학교 1학년 때는 모둠 학습을 통해 단원의 주제를 탐색하고 발표하는 식의 토론 학습이 진행되기도 하지만 시험 성적이 점수로 등재 되는 중2부터 고등학교 시기에는 시험이 목적인 수동적인 공부가 될 수밖에 없습니다. 수동적인 학습에 익숙해진 학생들은 자신의 생각을 동원해 다방면에서의 깊이 있는 독해를 할 힘을 쌓지 못합니다. 이것이 학생들이 처한 슬픈 현실입니다.

학습 환경의 구조적 측면에서의 문제는 결국 정보 변형력의 기본이 되는 사고 확장이나 추리력 향상의 부족을 초래해 문제 해결 역량을 떨어뜨리는 부정적 결과를 초래합니다. 이러한 열악한 환경에서도 물론 1등급으로 살아남은 학생들이 있습니다. 그 아이들은 학습의 기본이 되는 원리를 습득한 후 교과목과 연계된 독서를 꾸준히 하면서 자신만의 공부 전략과 독해 전략으로 공부합니다. 생존 전략을 스스로 터득해 적용하는 공부 습관의 소유자들입니다.

정보 변형은 주로 어휘나 문장 수준에서 이루어집니다. 이를 바탕으로 단락 내용을 압축하고 글 전체를 요약하는 단계로 나아갑니다. 어휘 수준에서의 변형은 앞에서 언급한 어휘 간 관계 중 유의어, 반의어, 상·하위어 관계를 활용해 대체하거나 변형하고 어휘의 종류인 한자어나 한자성어, 고유어나 외래어를 활용해 변형할 수 있습니다. 문장이나 단락도 어휘 수준에서의 변형을 기본으로 내용을 재구성합니다.

정보 변형 파악력을 높이는 방법

　정보 변형 파악력은 문장 변형 표현 연습을 통해 가능합니다. 특히 예비 고1 시기에 맹렬하게 연습하면 고등학교 진학 후 깊이 있는 독해력이 생겨 수월하게 문제 풀이를 해나갈 수 있습니다. 예비 고1 시기를 제대로 준비한 학생들은 고등학교 3년 내내 독보적인 성적을 유지했음은 물론 원하는 대학에 합격하는 사례를 무수히 보았습니다. 다음에 제시하는 정보 변형 예를 참고하여 자녀의 독해력 강화 훈련에 활용하기 바랍니다.

　1900년대 말엽에 가서야 한국인은 인간의 창의력이 삶의 내일을 결정한다는 것을 국가 수준에서 생각하기에 이르렀다.

　정보 변형은 어휘와 문장 변형이 중심입니다. 위 문장에 대한 변형은 아래와 같습니다.

◆ 어휘 수준의 변형
어휘 수준에서의 변형은 대체 가능한 비슷한 말(유의어)을 찾는 것에서 시작됩니다. 다음은 앞의 예문에 대한 대체 가능한 유의어 예입니다. 유의어 대체 능력이 정보 변형에서 얼마나 중요한지 다음 예를 통해 알 수 있습니다.

- 1900년대 → 20세기
- 말엽 → 후반, 말기
- 가서야 → 이르러, 접어들어
- 인간 → 사람
- 창의력 → 독창성
- 삶 → 생
- 내일 → 미래, 앞날
- 결정한다 → 좌우한다
- 수준 → 차원
- 생각 → 의식, 인식
- 이르렀다 → 시작했다

변형된 어휘를 활용해 앞의 본래 문장을 다시 써 보면 다음과 같습니다.

20세기 후반에 접어들어 한국인은 사람의 독창성이 생의 앞날을 좌우한다는 것을 국가 차원에서 인식하기 시작했다.

어휘 변형은 결국 문장을 이해해야지만 수행할 수 있습니다. 그리고 어휘력이 기반이 되어야 가능한 작업이라는 것도 보셨습니다.

◆ 문장 수준의 변형

이러한 어휘 수준의 변형을 바탕으로 문장이 지닌 의미를 여러 각도
에서 변형합니다. 다음은 문장 변형의 예입니다. 물론 문장 정보 변
형은 본래의 문장을 그대로 활용해도 됩니다. 여기서는 어휘 변형을
바탕으로 문장을 변형해 보겠습니다. 이때 문장 변형은 본래 문장
이 지닌 의미에서 크게 벗어나서는 안 됩니다. 아울러 중요 정보를
바탕으로 문장을 변형합니다. 부수적 정보는 생략 가능합니다. 또한
어휘 중에서 중요한 의미를 지닌 어휘를 문장 변형에 반영합니다.

- 국가 수준에서 한국 사람이 독창성을 중시하게 된 것은 그리 오
  래된 일이 아니다.
- 독창성은 국가 앞날에 중요하게 작용한다.
- 1900년대 후반 이전에 한국 사람은 창의성을 개인 수준에서 인
  식했다.
- 개인의 창의성은 국가 생존을 위해 중요한 역할을 한다.

정보 변형 능력은 독해력 평가의 중요한 요소입니다. 누가 더 깊
이 있는 생각으로 정보 변형력을 갖고 있는지에 대한 평가가 독해력
평가의 목적이지요. 이런저런 이유로 얕아지는 우리 아이 독해력을
깊게 할 수 있는 방법을 심각하게 고민할 때입니다.

수능으로 이어지는
고등 독해 포인트

고등학교 독해는 초·중과는 또 다른 독해력을 장착해야 합니다. 수능이라는 큰 산이 기다리고 있기 때문입니다. 독해 영역이나 글의 수준이 중학교와는 현저한 차이가 납니다. 초·중학교와 또 다른 차원의 독해 방법을 보게 될 겁니다. 여기서 제시하는 독해 방법은 고등학교 '독서와 문법' 교육과정에서 다루어지는 내용을 바탕으로 했습니다. 고등학교 교과서에 제시된 독해 원리를 바탕으로 수능 국어 문제가 출제되기 때문입니다.

"선생님, 글을 어디서부터 어떻게 읽어야 해요? 국어 문제 잘 풀려면 어떻게 읽어야 해요? 시험 문제 푸는 시간이 너무 부족해요. 지문 2세트나 못 풀었어요. 왜 시간이 모자라는 건지 모르겠어요."

국어 수업 시간에 학생들로부터 자주 받는 질문 중 하나입니다.

많은 아이들이 글을 제대로 읽는 방법을 몰라 독해의 어려움을 호소합니다. 시간이 부족하다는 것은 독해력에 문제가 있는 겁니다. 글을 빠르게 이해하는 능력이 부족한 것이죠. 독해가 완벽하게 이루어지지 못하면 주어진 문제 또한 정확하게 해결하지 못합니다. 결국은 독해력이 약하다는 반증입니다. 고2 용성이 예를 들어보겠습니다.

수능 국어 5~6등급 고2 용성이는 늘 시간이 부족한 학생이었습니다. 공부는 할 만큼 하는데 성적은 제자리여서 걱정이 많았지요. 원인을 분석해 보니 글 읽는 속도가 느려 지문을 다 읽지 못하고 문제를 풀지 못한 채 답안지를 제출하는 치명적인 문제가 있었습니다. 용성이를 위한 특단의 조치는 독해 방법 5단계였습니다. 두 달 동안 5단계를 차근히 밟으며 독해를 마스터한 결과 용성이의 등급이 2등급으로 상승했습니다. 독해 방법 습득은 곧 문제 해결의 힘을 키우는 데 중요하게 작용합니다. 다음에 제시되는 독해 방법 5가지는 독해 역량을 향상시켜 주어진 문제를 성공적으로 해결하게 하는 데 결정적 역할을 할 것입니다.

독해의 방법 5가지는 실제 학교 현장에서 이뤄지는 독서 이론 수업 내용입니다. 선생님들은 이를 바탕으로 독해 문제를 출제합니다. 저도 독해 방법 5가지를 실제 수업 현장에서 평가 요소별 독해 기본 원리 수업으로 활용하고 있습니다. 독해 방법을 숙지하고 적용에 익숙해지면 문제 해결력이 향상되어 점수가 확 오릅니다.

독해 방법 1. 사실적 독해

"엄마, 나 망했어……."

"왜 또 호들갑이야?"

"국어 수행 평가 내일까진 줄 알았는데 오늘까지였어."

"넌 그런 중요한 걸 어떻게 까먹을 수 있어?"

"숙제 게시판에 수행 과제 제출 기간이 오늘부터 사흘 동안이라고 돼 있어서 난 하루 더 남은 줄 알았지."

"너 설마 사흘을 4일로 이해한 거야?"

"응."

게시판 과제 공고에서 사흘을 4일로 잘못 이해한 중학교 2학년 민재와 엄마가 나눈 대화 내용입니다. 민재 엄마는 한참이나 분을 삭이지 못하셨습니다. 그런데 실제 시험에서도 아이들은 이런 어처구니없는 실수를 종종 합니다. 실전에서도 이렇게 표면 정보를 잘못 읽으면 어떤 결과가 나올지 예상되지요? 사실적 독해가 중요한 이유입니다.

사실적 독해는 제시된 글의 정보를 주관의 개입 없이 객관적으로 파악하는 것을 말합니다. 이러한 사실적 독해에서는 글의 내용과 구조 두 측면에 맞추어 글을 읽어야 합니다. 즉 내용 측면인 중심 내용, 세부 정보, 정보 간 관계 독해, 구조 측면인 글의 짜임, 내용 전개 방식, 문장이나 문단 간의 관계에 초점을 맞추어 읽어야 합니다. 사실적 독해는 다음에 제시할 추론, 비판, 감상, 창의적 독해의 바탕이 된다는 점에서 글 독해 1순위입니다. 사실적 독해는 문제 출제의 기본 요소입니다. 이를 바탕으로 추론, 비판, 감상, 창의적 문제가 출제되기 때문입니다. 이제 사실적 독해 요소를 구체적으로 제시해 보겠습니다.

◆ 내용 측면 독해 요소

내용 측면의 독해는 우선 정보 내용을 파악하고 중심 화제를 찾은 후 중심 화제를 바탕으로 정보와 정보 간의 의미 관계를 파악해야 합니다.

① 있는 그대로의 정보

정보에는 숨겨져 있는 정보와 표면에 바로 드러난 정보가 있는데, 있는 그대로의 정보란 바로 표면 정보를 말합니다. 실제 시험 문제에서 표면 정보를 묻는 문제는 '윗글 내용과 일치하지 않는 것은?'으로 묻고 드러난 정보를 선택지 내용으로 구성합니다. 보통 첫 문제는 표면 정보 문제입니다. 따라서 글의 표면 정보를 정확하게 파악하는 것이 독해의 시작입니다.

② 말하고자 하는 중심 내용

글에는 여러 개의 표면 정보가 제시되어 있는데 모두가 중심 내용은 아닙니다. 중심 내용은 글에서 필자가 중점적으로 말하고자 하는 것이지요. 어떤 방식으로 찾아야 할까요? 중심 내용을 묻는 문제는 실제 시험에서 '윗글의 중심 내용으로 가장 적절한 것은?'으로 제시됩니다. 이 문제를 해결하기 위해서는 중심 정보와 부수적 정보를 먼저 정확하게 구별하는 힘을 길러야 합니다.

③ 세부 정보

세부 정보는 중심 내용을 드러내기 위해 뒷받침하는 모든 정보를 말합니다. 보통 표면 정보를 묻는 형식으로 출제됩니다. 세부 정보는 꼼꼼하게 표시하면서 읽어야 합니다. 특히 세부 정보량이 많은 단락에 주목해야 합니다. 중심 정보에만 집중하느라 세부 정보를 스킵해 문제를 틀리는 경우가 의외로 많습니다. 글에서 정보가 많은 단락은 반드시 문제가 출제됩니다. 글을 읽을 때 조사나 어미, 단어 하나하나 놓치지 말고 읽어야 합니다. 모두 의미를 생성하고 있기 때문이지요. 이것이 정교한 독해, 디테일 독해입니다.

④ 정보와 정보의 관계

정보 간 관계란 무엇일까요? 정보와 정보가 맺고 있는 의미 관계를 뜻합니다. 이러한 정보 간의 관계는 대등·병렬, 상위·하위, 유의·반의, 중심·부수 형태로 드러납니다. 이는 단어와 단어, 문장과 문장, 단락과 단락 간의 관계를 묻는 문제로 출제됩니다. 예를 들면 'Ⓐ와 Ⓑ의 관계로 가장 적절한 것은?'과 같은 형태입니다. 정보 간 관계를 파악하는 힘은 먼저 정보가 지닌 의미를 정확하게 이해하고 정보 간 위계나 범주를 구별하는 과정에서 길러집니다.

사실 많은 학생이 정보 간 관계를 파악하는 문제를 어려워합니다. 이는 국어 기본 지식이 학습되어 있지 않기 때문입니다. 정보 간 관계를 묻는 문제는 '다음 중 윗글에 대한 설명으로 적절하지 않은 것은?' 형태로도 출제됩니다. 선택지에 개념어가 등장합니다. 만일 유의어, 반의어, 상위어, 하위어, 인과, 대용 등의 개념어를 모른다면 당연히 답을 찾을 수 없겠지요. 국어에서 개념 지식은 반드시 암기해야 합니다.

◆ 구조적 측면의 독해

구조란 여러 요소가 결합된 전체를 의미합니다. 한편의 글은 여러 요소가 어우러져 있기 때문에 글을 이해하기 위해서는 요소로 나누어 봐야 합니다. 그래서 구조적 측면의 독해는 글 전개의 형식적 측면인 글의 짜임과 내용을 전개하는 방식을 파악하는 데 중점을 두어야 합니다. 구조적 측면에서의 독해를 통해 글이 어떻게 전개되고 의미를 생성하는지 알게 됩니다. 여기서는 내용 전개 방식, 문장이나 문단 간 관계로 나누어 구조 독해를 보여드리겠습니다.

① 내용 전개 방식

내용 전개 방식은 중심 화제를 서술하는 디테일한 양상을 의미합니다. 설명의 범주에 해당하는 정의, 예시, 인용, 비교, 대조, 분석, 분류, 인과, 열거, 반복, 단정, 유추 등과 같은 방식과 논증, 묘사, 서사 등이 있습니다. 그리고 서론-본론-결론이나 도입-전개, 예시-결론, 주지-상술 등과 같은 형태로도 전개됩니다.

글의 짜임을 묻는 문제는 주로 비문학적인 글에서 자주 출제되는데, 구조 문제를 해결하기 위해서는 글의 짜임에 관한 기본 지식을 숙지한 후 적용 연습을 꾸준히 해야 합니다. 내용 전개 방식에 대한 문제는 '윗글의 내용 전개 방식으로 적절하지 않은 것은?' 형태로 출제됩니다. 내용 전개 방식에 대한 기본 개념 지식을 정확하게 익혀 적용하는 힘을 기르면 쉽게 답을 찾을 수 있습니다.

② 문장이나 문단 간의 관계

문장이나 문단 간 관계는 주로 원인-결과, 추상적(일반적)-구체적, 전체-부분, 중심-부수(뒷받침)적 관계를 파악하면 됩니다. 문장과 문단 간의 관계를 묻는 시험 문제를 풀기 위해서는 우선 문장과 문단의 의미를 정확하게 파악한 후 양자의 관계를 정밀하게 비교해 보아야 합니다. 내용 이해를 바탕으로 한 관계 비교는 독해력을 평가하는 중요한 요소입니다. 시험에 반드시 출제되는 영역이죠.

독해 방법 2. 추론적 독해

그러자 산 사람의 눈에서 떨어진 닭똥 같은 눈물이 죽은 이의 뻣뻣한 얼굴을 어룽어룽 적시었다. 문득 김첨지는 미친 듯이 제 얼굴을 죽은 이의 얼굴에 한데 비벼대며 중얼거렸다.

"설렁탕을 사다 놓았는데 왜 먹지를 못하니, 왜 먹지를 못하니…… 괴상하게도 오늘은 운수가 좋더니만……."

윗글은 우리가 잘 아는 현진건의 단편소설 「운수 좋은 날」 마지막 부분입니다. 밑줄 친 부분을 어떻게 이해해야 할까요? 네, 맞습니다. 운수가 나쁘다는 의미로 해석해야 합니다. 주인공 김첨지가 죽은 아내를 보며 눈물을 흘리는 슬픈 상황이기 때문이죠. 이러한 작가의 의도를 제대로 읽어내지 못하면 김첨지의 마지막 말을 진짜 운수가 좋은 것으로 받아들일 수 있습니다. 전체적 맥락에서 부분을 봐야 합니다. 추론적 독해는 필자와 독자 간 소통에 영향을 준다는 점에서 사실적 독해 못지않게 중요합니다. 그리고 추론적 읽기를 잘하려면 글 흐름을 전체적 시각에서 봐야 합니다. 부분만 보면 운수가 좋은 것으로 볼 수도 있겠지요.

추론적 독해는 사실적 독해 과정에서 확인된 표면 정보를 바탕으로 숨겨진 정보, 필자의 의도나 태도, 관점, 전개될 내용이나 주제를 찾는 읽기를 말합니다. 이러한 필자의 의도나 목적, 관점, 주제 등은 생략된 정보나 표면 정보 속에 숨어 있습니다. 따라서 추론적 독해에서는 숨겨진 정보 파악에 중점을 두어야 합니다. 숨겨진 정보를 파악하는 과정에서 필자의 의도나 목적, 관점을 찾을 수 있고 이를 통해 깊이 있는 독해력이 길러집니다. 추론적 독해 역량은 실제 시험에서 가장 중요시하는 평가 영역입니다. 이제부터 추론적 독해 과정을 보여드리겠습니다.

은어를 주고

그냥 가버린 친구

한밤중 대문

◆ 추론적 독해를 위한 표면 정보 확인

윗글에 드러난 표면 정보 내용은 무엇일까요? 표면 정보는 다음과
같습니다.

1. 어떤 사람이 은어를 친구에게 주었다.
2. 친구는 은어를 주고 그냥 갔다.
3. 은어를 친구에게 준 시각은 한밤중이다.

◆ 정보 간 관계 파악을 통한 생략된 내용 추론

위 예문에서 친구에게 은어를 주고 왜 그냥 갔는지에 대한 추리가
전체 내용을 이해하는 데 중요한 포인트입니다. 이는 친구가 은어
를 준 시각이 '한밤중'이라는 정보와 연관 지어 판단해야 합니다. 한
밤중은 모두가 곤히 잠들어 있는 시간이지요. 친구에게 은어를 주기
위해 깊은 밤 대문을 두드려 잠을 깨우는 소란을 피우지 않고 조용
히 대문 앞에 놓고 돌아선 겁니다. 따라서 위 예문에 생략된 중요 정
보는 '내 친구가 잠든 나를 깨우지 않으려고 소리 없이 은어를 대문
앞에 놓고 갔다.'입니다. 참 세심한 친구죠. 배려심도 깊고요.

이 글에서 필자는 누가 누구를 생각해 줄 때 어떻게 하는 것이 바람
직한가에 대한 메시지를 던집니다. 그리고 상황을 고려해 지혜롭게
행동하는 것이 중요하다는 점을 강조하고자 합니다. 이것이 글쓴이
의 의도입니다. 선행의 올바른 자세에 대한 나름의 방향을 제시하려
는 의도로도 볼 수 있습니다.

◆ 필자의 삶의 태도 추론

은어를 준 친구를 주인공으로 한 이 글에서 필자는 누구를 위한 행
동을 할 때 염두에 두어야 할 것은 요란한 겉치레가 아닌 진정한 마
음에서 우러나오는 것이어야 한다는 것을 알게 하고 싶었던 겁니다.
이런 점에서 필자는 남에게 피해를 주지 않으려는 삶의 태도를 견지
하며 사는 사람으로 볼 수 있습니다. 즉 상황을 고려하며 신중하게
인생을 경영하려는 태도와 남을 배려하는 삶을 살고자 하는 자세 또
한 갖춘 사람으로 평가할 수 있겠지요.

◆ 주제 추론

자, 이쯤에서 17자밖에 안 되는 짤막한 이 글의 주제가 무엇인지 짐
작하셨는지요? '타인에 대한 배려' 이것이 필자가 전하는 메시지입
니다. 물론 키워드는 '배려'입니다. 독해 영역 중에서 사실 아이들이
가장 어려워하는 부분이 추론적 독해입니다. 표면 정보를 구성하는
단어는 물론 조사나 어미에서도 숨겨진 의미를 캐내야 하기 때문이
죠. 숨겨진 의미를 찾기 위해서는 정교한 독해력이 필요합니다. 또

한 정보 간의 관계 비교를 통해 생략된 정보나 전제된 의미를 파악해 내야 하는 확장된 사고 역량이 바탕이 되어야 합니다. 긴 글에 대한 주제 추론 능력 함양은 짧은 글 추론 연습을 통해 가능합니다. 만일 자녀가 주제 추론 역량이 부족하다면 이와 같은 짧은 글 주제 추론 연습을 꾸준히 시켜보세요.

◆ 전개될 내용 추론

글이 짧든 길든 전개될 내용을 추론하는 것은 쉬운 일이 아닙니다. 특히 글의 구조 파악 기초가 없는 학생들에게는 더욱 그렇습니다. 전개될 내용 추론 능력은 개요 작성 연습을 통해 기를 수 있습니다. 이는 제가 독해, 특히 논술 수업을 통해 검증한 사실입니다. 개요는 글의 뼈대로 집짓기에서 기둥 세우기와도 같습니다. 개요 작성은 글쓰기에서 가장 중요한 전략입니다. 개요가 튼튼하면 글을 순조롭게 쓸 수 있기 때문입니다. 개요를 바탕으로 글이 생성되고 생성된 글을 독해하는 과정에서도 개요는 중요한 역할을 합니다. 특정 주제를 설정해 스스로 개요를 작성해 글을 써 보고, 쓴 글에 대해 다시 개요를 분석해 보는 반복 연습은 매우 중요합니다. 그 과정에서 한눈에 독해하는 힘이 길러지고 전개될 내용이나 생략된 내용을 파악하는 힘 또한 길러집니다.

◆ 필자의 관점 추론

관점은 사실이나 현상을 바라보는 필자의 생각이나 시각을 말합니다. 필자의 관점은 어떻게 찾을 수 있을까요? 필자의 관점 또한 주어진 글의 표면 정보를 바탕으로 찾을 수 있습니다. 우선 키워드와 메인 토픽을 찾은 후 중요 정보를 선택하고 선택된 중요 정보 간 의미 관계를 비교해 추론합니다. 조금 복잡해 보이나요? 그런데 글의 정보 내용을 정리해 보면 의외로 쉽게 관점을 추론해 낼 수 있습니다. 예를 통해 구체적으로 보여드리겠습니다.

감정을 타인에게 전달하는 주요 수단이 예술이다. 예술가는 자신이 표현하고픈 감정을 떠올린 후, 작품을 통해 타인도 공감할 수 있도록 전달한다. 그런데 이때 전달되는 감정은 질이 좋아야 하며, 한 사회를 좋은 방향으로 이끌어 나갈 수 있어야 한다. 연대감이나 형제애가 그러한 감정이다. 좋은 감정이 잘 표현된 한 편의 예술이 전 사회, 나아가 전 세계를 감동시키며 세상의 발전에 기여할 수 있다.

윗글의 표면 정보를 정리하면 다음과 같습니다.

1. 예술은 감정 전달의 수단이다.
2. 예술가는 작품을 통해 타인을 공감시킨다.
3. 전달되는 감정은 질이 좋아야 한다.
4. 사회를 좋은 방향으로 이끄는 감정은 연대감이나 형제애다.
5. 예술은 사회, 세계를 감동하게 하고 세계를 발전시킨다.

위 표면 정보를 바탕으로 필자의 관점을 추론합니다. 윗글의 키워드는 '예술'입니다. 예술과 관련된 중요한 정보는 '연대감이나 형제애', '전 세계를 감동', '세상의 발전에 기여'겠지요. 키워드와 중요 정보를 통해 필자는 예술에 대해 긍정적인 관점을 지니고 있다고 추론할 수 있습니다. 실제로 톨스토이는 50대 이후 도덕적 관념에 눈을 뜨고 소설에도 반영했다고 합니다. 그래서 타락한 러시아 귀족 양심의 회복을 외친 '부활'이나 '톨스토이 민화집'을 통해 선한 삶의 방향을 제시하려고 했습니다. 톨스토이는 문학을 통해 인간 정신을 개조해 세상에 유익함을 주려고 했습니다.

독해 방법 3. 비판적 독해

비판적 독해는 주어진 글에 대한 표면 정보 파악과 이해를 바탕으로 특정 사실이나 현상에 대한 글쓴이의 가치관이나 관점을 평가하는 읽기에 해당합니다. 비판적 독해는 기존의 주장이나 견해가 지닌 문제점을 발견해 새로운 가치를 창출해 내는 읽기입니다. 사실이나 현상에 대한 편협된 판단으로 독자가 그릇된 인식이나 선입견을 품게 하는 데서 벗어나게 하는 것이 비판적 독해의 핵심 가치입니다. 비판적 시각은 새로움을 생산해 내는 힘입니다. 자녀가 비판적 능력을 갖추게 되면 글의 시시비비를 가리는 힘이 생깁니다.

사실적 독해나 추론적 독해가 제시된 글의 내용을 전적으로 수용하는 수동적 읽기라면 비판적 독해는 수용과 반박 여부를 선택하는 능동적 측면에서의 읽기입니다. 비판적 독해를 성공적으로 하기 위해서는 제시된 글의 표면 정보를 정확하게 파악한 후 그에 대해 자신의 배경지식을 동원해 재해석한 후 수용 여부를 판단하는 과정을 거쳐야 합니다. 이때 비판의 주된 대상은 내용의 공정성, 논지 전개의 타당성, 글이 주는 효용성, 자료 활용 및 표현의 적절성 등입니다. 비판적 독해는 특히 글에 대한 독자의 예리한 의문에서 출발합니다. 그리고 배경지식과 자신만의 해석 관점을 지녀야 글을 제대로 비판할 수 있습니다. 비판을 위한 비판으로 흐르면 안 됩니다. 논리가 뒷받침되어야 합니다. 비판의 요소 3가지를 살펴보겠습니다.

◆ 첫째, 내용이 공정하고 논지 전개가 타당한가

글 내용 전개에서 특정 주제에 대해 필자의 생각이나 관점이 어느 한쪽으로 치우치지 않고 균형을 유지하고 있는지 평가하는 것이 내용의 공정성 판단입니다. 그리고 필자의 주장이나 견해에 대한 근거가 합리적이고 일관성을 유지하고 있는지 따지는 것이 논지 전개의 타당성 판단입니다. 이는 비판적 독해에서 가장 중요한 요소입니다.

◆ 둘째, 내용에 효용성이 있는가

'이 글을 읽고 무엇을 얻을 수 있을까?'라는 물음에 대한 답은 독자의 목적에 따라 달라질 수 있습니다. 지식이 필요한 사람은 지식을 얻을 수 있는 책을, 낯선 곳으로 여행을 계획하는 사람은 여행 정보가 담긴 글을, 마음의 힐링을 원하는 사람은 정서를 자극하는 책을 선택해 읽을 수 있겠죠. 이밖에 글을 읽는 과정에서 삶의 지혜나 교훈을 얻을 수도 있습니다. 글을 통해 독자에게 지식이나 정보, 삶의 지혜나 교훈을 주는 것을 효용성이라고 합니다. 좋은 글은 독자의 마음을 움직이는 효용성이 있습니다.

◆ 셋째, 자료 활용과 표현이 적절한가

한 편의 글 속에는 필자의 주장이나 설명이 드러납니다. 그 주장이나 설명을 뒷받침하는 자료가 적절하게 제시되었는지를 판단하는 것은 중요합니다. 자료의 활용과 표현의 적절성 여부는 제시한 사진, 도표나 그래프 등이 필자의 주장이나 설명한 내용에 부합하는지 판단합니다. 또한 내용 생성에 관여하는 단어나 문법적 요소들이 논리적으로 긴밀하게 연결되었는지를 비판적으로 평가합니다.

비판적 독해는 글에 대한 긍정, 부정의 두 측면을 모두 포함한다는 점에서 균형적인 읽기라고도 할 수 있습니다. 균형적 독해의 힘은 다양한 영역의 배경지식과 주어진 글에 대한 문제 제기 역량에서 나옵니다. 실제 교육 현장에서 다방면의 많은 책을 읽고 질문과 의심이 많은 학생은 그렇지 않은 학생에 비해 비판적 읽기 능력이 뛰어나다는 것을 알 수 있었습니다. 대부분의 학생들이 다른 문제에 비해 비판적 독해 문제를 어렵게 느끼는 이유는 다양한 배경지식과 경험, 문제의식을 바탕으로 한 정교한 분석력이 부족하기 때문입니다. 비판적 독해 요소에 대한 학습이 제대로 이루어지면 이 영역의 문제를 해결하는 데 큰 도움이 됩니다. 자녀가 어릴 때부터 다양한 분야에 관심을 가지고 질문과 의심을 많이 할 수 있도록 지지해 주세요. 생활 속 작은 실천이 쌓여 결국 비판적 독해력을 가진 아이로 성장할 수 있습니다.

독해 방법 4. 감상적 독해

당신이 무의미하게 보낸 오늘은
어제 죽은 사람이 간절하게 그리워하던 (   )이다.

빈칸에 들어갈 적절한 말은 무엇일까요? 위의 예는 제가 수업 시간에 자주 인용하는 극작가 소포클레스의 말입니다. 오늘의 소중함을 잊고 시간을 허비하는 게으른 학생에게 보내는 제 나름의 경고 메시지이기도 하죠. 제가 이 짤막한 말에 공감하는 이유는 불확실한 먼 미래보다 발을 딛고 있는 지금 이 순간이 무엇보다도 중요하다고 믿고 있기 때문입니다. 졸업 후 저를 찾아온 아이들로부터 그때 제게 들었던 이 말이 자신의 인생에 중요하게 작용했다는 말을 듣고 가슴 뿌듯했던 경험이 있습니다.

감상적 독해는 독자의 마음을 움직여 삶의 방향키 역할을 한다는 점에서 중요합니다. 빈칸에 적절한 말은 바로 '내일'입니다.

감상적 독해는 글에 대해 정서적 반응을 보이는 읽기를 의미합니다. 카타르시스(catharsis, 감정 정화)가 감상적 독해의 예에 해당합니다. 아리스토텔레스는 그의 저서 『시학(詩學)』에서 비극 작품이 관객의 정서를 정화하는데 중요하게 작용한다고 말했습니다. 이는 글이 주는 힘이기도 하죠. 독자에게 감동을 주는 글에는 문학 작품은 물론 비문학적인 글도 해당됩니다. 그러면 감상적 독해는 무엇에 초점을 맞추어야 할까요? 감상적 독해에서는 감동과 공감을 주는 부분을 찾아 그에 대한 이유를 밝히고, 정서적 반응을 내면화하는 것에 중점을 둡니다. 이때 독자의 경험과 배경지식을 동원해 감동이나 공감의 폭을 확장할 수 있습니다.

실제 시험에서는 글 전체 혹은 특정 어휘나 구절을 통해 감동이나 공감을 묻는 문제가 출제됩니다. 아울러 감동에 대한 적절한 내면화 양상은 무엇인가 묻기도 합니다. 감상적 독해에서는 작가와 독자 간 정서의 교감과 소통을 중요시합니다. 감상적 독해 요소 3가지를 예시문과 함께 살펴보겠습니다.

봄 10

민태윤

시멘트 길 한 구석에서
하얗게 말라가고 있는
도토리 한 알

지난 가을
새싹의 설렘으로
엄마 참나무 품 떠났을 도토리

이 찬란한 봄날
낙엽으로 돌아가려 해

어쩌지

차라리
배고픈 다람쥐
뱃속이나 채워주면 좋았지

여보세요
누가 저 도토리 좀
살려주세요

아이는 연신
발 동동 구르며
안절부절못합니다

◆ 첫째, 감동을 주는 표현 찾아 이유 설명하기

생명이 싹트는 찬란한 봄날 도토리에게 무슨 일이 일어났을까요? 도심 속 참나무 숲 공원 시멘트 길을 지나던 호기심 많은 아이 눈에 하얗게 말라 죽어가고 있는 (낙엽으로 돌아가려해) 도토리 한 개가 눈에 띄었습니다. 아이는 겨우내 황량했던 참나무 숲에 생명의 싹들이 움트고 있는 봄에 흙이 아닌 시멘트 위에 떨어져 싹을 틔우지 못하고 말라 죽어가고 있는 도토리를 보고 울컥했을 것입니다. 내년 봄에 새싹을 틔워 엄마 참나무에게 존재감을 알리겠다던 (새싹의 설렘) 도토리가 불쌍했던 것입니다. 이미 죽은 도토리를 늦게서야 발견한 아이는 어찌할 수 없는 안타까운 심정으로 발 동동 구르며 누군가에게 애절한 구원의 외침 (여보세요/ 누가 저 도토리 좀/ 살려주세요)을 보냅니다. 여러분은 이 글에서 어떤 감동을 받으셨나요? 생명을 소중하게 여기는 아이의 순수한 동심에 마음이 찡해지지 않으셨는지요. 점점 더 각박해지는 이 시대에 아름다운 동심의 세계가 살아있는 한 세상은 그래도 희망이 있지 않을까요. 생명을 소중히 여기는 아이의 마음이 독자에게 감동을 주는 이유입니다. 이 예문은 '아이-도토리-낙엽으로 돌아가려 해-살려주세요'와 같은 어휘와 구절이 긴밀한 관계로 맺어져 의미를 생성합니다. 이렇게 감상적 독해에서는 감동을 주는 요소를 파악한 후 그에 대한 합리적 이유를 설명하는 역량을 중요한 평가 요소로 삼습니다.

◆ 둘째, 공감 생성 표현 찾아 이유 설명하기

시인의 임무는 실제로 일어난 일을 이야기하는 것이 아니라 일어날 수 있는 일, 즉 개연성이나 필연성에 따라 가능한 일을 이야기하는 데 있다. 역사가와 시인의 차이는 산문으로 이야기하느냐 운문으로 이야기하느냐에 있는 것이 아니라 전자는 실제로 일어난 것을 이야기하고, 후자는 일어날 수 있는 것을 이야기한다는 점에 있다. 따라서 시는 역사보다 더 철학적이고 진지하다.

언젠가 프랑스의 지성 사르트르는 역사나 철학이 못 하는 것을 문학은 가능하게 한다고 말한 적이 있습니다. 이는 문학이 다양한 영역을 수용할 수 있는 열린 장르라는 점을 강조한 말로 해석할 수 있습니다. 윗글 필자는 시인은 개연성이나 필연성 (일어날 수 있는 것)을 이야기하고, 역사가는 이미 일어난 일 (실제로 일어난 것)을 이야기한다는 점에서 양자는 구별된다고 했습니다. 이는 실제로 일어난 일을 관심의 대상으로 하는 역사가는 이미 생성된 사실의 해석에 중점을 두는 반면, 시인은 앞으로 일어날 수 있을 것에 주목한다는 해석입니다. 이런 점에서 시인은 역사가보다 불확실한 것에 천착하면서 더 많이 생각하고, 더 치열하게 논의하는 사람으로 볼 수 있습니다. 결정된 것이 아닌 진행형에 있거나 진행될 수 있는 것에 대해 말해야 하기 때문에 시인의 사유는 역사가보다 훨씬 복잡 (시는 역사보다

더 철학적이고 더 진지)하다는 점에서 저도 아리스토텔레스의 견해에
동의합니다. 철학적이고 진지하다는 말을 열린 사유, 치열한 사유로
해석 가능하다면 결국 시는 역사보다 훨씬 복잡한 영역인 셈입니다.

◆ 셋째, 내면화 가능한 공감 요소 찾아 설명하기

탄 선생의 매·난·국·죽

민태윤

나는 어느 날 우연히 만난 탄 선생에게서 매·난·국·죽을 사게
되었다.

世界當代著名書畵家
譚寶樹

중국인 탄 선생의 명함 앞쪽이다. 그의 이름은 담 보수(탄바
오슈)이다. 이 명함대로라면 그는 세계에서 알아주는 중국 서
화가인 셈이다. 그는 내가 근무하고 있는 북경한국국제학교
근처 북촌 작은 마을 시장통 허름한 화실에서 그림을 그리며
살아가고 있다. 내가 그의 화실에 들어섰을 때 그는 들일을 막
끝내고 돌아온 농부 같은 모습으로 나를 맞아주었다. 전혀 서

화를 할 사람 같아 보이지 않았다. 등소평 정도의 아담한 키에 해바라기씨같은 갸름한 눈을 가진 사람이었다.

나는 그의 화실에서 난(蘭) 그림을 보았다. 창문을 통해 스며든 햇살에 먹물이 빛나는 것으로 보아 아마 내가 오기 방금 전에 그린 것 같았다. 탄 선생의 난은 한국의 난 그림과 크게 다르지 않았다. 병풍 같은 바위 무릎쯤에 뿌리를 두고 꽃을 피운 난이었다. 불현듯 작년 승덕(承德, 중국 사람들이 흔히 피서산장이라고 부르는 곳으로 조선조 연암 박지원이 다녀간 열하로 중국 최대의 정원으로도 유명하다)에서 산 네 조각의 대나무 조각품이 떠올랐다. 그것은 통대나무를 반으로 갈라 글씨와 그림을 새긴 나무 조각품으로 위쪽에는 각각 春·夏·秋·冬 글씨가 새겨져 있고 아래쪽에는 계절을 알리는 꽃(봄-모란, 여름-연꽃, 가을-국화, 겨울-매화)이 그려져 있다. 나는 내심 이 조각품과 짝을 이루게 하고 싶은 마음으로 탄 선생에게 서툰 중국어로 매화, 국화, 대나무 그림을 마저 그려 달라고 말했다. 그는 선뜻 허락했다. 나는 다음에 그림을 가지러 오겠노라 말하고 옆집 만토(중국 사람들이 즐겨 먹는 속이 없는 찐빵의 일종) 가게에서 만토 한 봉지와 밀떡 두 장을 사다 그에게 점심으로 먹으라고 주었다. 그는 눈빛으로 내게 고마움을 전했다.

그 뒤로 나는 탄 선생 만난 일을 까맣게 잊고 있었다. 서너 주가 바람처럼 지나간 것이었다. 그러던 중 탄 선생으로부터 전화를 받고서야 나는 아차 싶었다. 부랴부랴 북촌을 찾았다.

그는 약속대로 매화, 국화, 대나무를 모두 그려 놓고 나를 맞이했다. 그는 잠시 내 손을 잡더니 따라오라는 눈빛을 보냈다. 그가 나를 데리고 간 곳은 그림 창고를 겸하고 있는 자신의 숙소였다. 작업실에 비해 단아한 느낌을 주는 조용한 곳이었다. 거기서 그는 그림 보따리를 풀었다. 벽에 걸 수 있는 두루마리 표구 속에 매·난·국·죽이 곱게 앉혀져 있었다. 소나무 삭정이 마디마디에 배추흰나비 앉은 모양을 한 매화, 소낙비 같은 줄기 앞섶에 농담(濃淡)으로 꽃 색을 분별한 난초, 대설(大雪) 즈음 초가지붕에 내린 함박눈 송이 같은 모습을 한 국화, 새파란 서슬로 죽순을 품고 세상과 맞서고 있는 듯한 죽(竹).

'어, 그런데 왜 매화와 국화에 색깔을 넣지 않은 것일까? 난(蘭)과 죽(竹)은 그렇다 치더라도 매화와 국화에는 제 빛깔이 있을 텐데……' "중국 매화와 국화엔 색깔이 없나요?"라는 내 물음에 "아, 그거요. 선생이 무슨 색깔을 좋아하는지 몰라서 그냥 색을 넣지 않고 모양만 냈어요. 매화는 黃과 紅, 국화는 白과 黃이 있거든요. 그래서 선생께서 오면 물어보고 색을 넣을까 해서요." 그는 내게 선택의 여지를 준 것이었다. 나는 잠시 그의 얼굴을 쳐다보았다. 그를 쳐다보던 시선을 그림 쪽으로 돌리며 나는 아주 조심스럽게 그림값을 물어보았다. 그는 미소를 지으며 내게 먼저 말해 보라고 했다. 나는 내심 '그림값이 꽤 되겠구나. 잘 깎아야 할 텐데……' 은근히 걱정스러운 표정을 지으며 속으로 값을 놓고 있었다.

한참 뒤에 그는 미소 띤 얼굴로 내게 말했다. "저의 마음입니다. 그냥 가져가세요." "네? 무슨 말씀이신지……." 나는 갑자기 속을 들킨 기분이었다. 그동안 중국에서 물건을 살 때마다 '어떻게 하면 잘 깎아서 살까'에 전전긍긍했던 내 얕은 마음을 들킨 것 같아 얼굴이 화끈거렸다. 그는 내 마음을 읽고 있었던 것이다. 극구 사양하는 그에게 나는 먹물 값과 두루마리 표구 값 정도를 간신히 쥐어주고 서둘러 화실을 나왔다. '좋은 친구가 되었으면 좋겠다.'라든가 '매(梅)와 국(菊)에 색을 넣고 싶으면 언제든 다시 와도 좋다.'라든가 '함께 점심을 먹고 가지 않겠느냐.'라는 말은 그저 귓가로 스쳐 지나갈 뿐이었다. 집으로 돌아오는 내내 나는 그가 건네준 명함 뒤쪽에 쓰인 덕담을 몇 번이고 읽고 있었다.

誰得我字畫,
誰發家,世世代代有錢花
누구든 내 글과 그림을 지닌 사람은
가정이 발전하고 대대손손 재물이 깃들기를 바랍니다.

그날 탄 선생이 내게 판 것은 마음이었다. '어떻게 하면 셈을 잘 놓아 물건을 싸게 살 수 있을까.'에 골몰하는 동안 혹 마음마저 저만큼 깎여 내려간 건 아니었을까. 이런 되돌아봄이 내가 탄 선생에게서 매·난·국·죽 외에 덤으로 산 것이었다.

여러분은 글쓴이의 어떤 생각에 공감하시는지요. 그 공감이 어떻게 마음을 움직여 선한 영향력을 줄 수 있을까요? 윗글의 저자는 자신의 얄팍한 셈법을 부끄러워하며 중국인 화가로부터 사군자 그림을 받아들고 서둘러 화실을 나오게 됩니다. 저자는 왜 부끄러움을 느꼈을까요? 네, 바로 상대방 마음은 헤아리지 않고 자신의 이해만 따진 것에 대한 자괴감 때문이었습니다. 앞의 글처럼 때론 자신의 의도와는 전혀 다른 방향으로 상황이 전개되기도 합니다. 이때 자신에게 유리한 방향으로라면 더할 나위 없겠죠. 중요한 것은 글이 누군가의 마음을 움직여 삶의 방향 전개에 중요하게 작용한다는 것, 그것이 글이 갖는 힘입니다.

여러분이 잘 아시는 윤동주 시인은 작품에서 삶의 상황에 대한 인식을 통해 자기 부끄러움을 느낀 후 올바른 삶의 방향 설정 의지를 보여줍니다. 저도 학창 시절 윤동주 시인의 그런 삶의 자세에 감동을 받았습니다. 그때 읽은 윤동주 시인의 「서시」는 지금도 아이들과 수업 시간에 즐겨 암송하는 작품입니다. 윤동주 시인의 작품은 내면화 가능한 공감 요소를 지닌 대표적인 독해 자료라고 할 수 있습니다.

올바른 방향으로의 정서를 유발하고 공감한 정서를 실천적으로 내면화하게 하는 감동적인 글을 만나는 일은 행복합니다. 감동 어린 공감은 정서의 안정에도 기여하는 힐링 닥터의 역할을 합니다. 이는 제가 교육 현장에서 문학 작품을 통해 심리 상담을 진행한 결과 확인할 수 있었습니다. 공감하는 정서, 내면화된 공감은 우리 아이의 스트레스성 징후를 예방하는 효과도 있습니다.

독해 방법 5. 창의적 독해

창의적 독해는 필자와 독자 간 생각의 소통을 바탕으로 독자 자신이 새로운 의미를 생성해내는 읽기를 뜻합니다. 글을 읽는 과정 중에 독자는 필자의 생각에 공감하며 자신이 고민하던 문제에 대한 해결의 실마리를 스스로 찾는 경험을 하게 됩니다. 창의적 독해가 제대로 이루어지면 누구나 이러한 경험이 가능합니다. 이는 희열의 순간입니다. 여러분도 누군가의 글을 읽고 영감을 받아 절박한 문제를 해결했던 경험이 있었으리라 생각합니다. 그때의 기분은 무엇으로도 대체할 수 없는 구름 위에 뜬 기쁨이었을 겁니다.

창의적 독해는 사실적, 추론적, 비판적, 감상적 독해 역량을 바탕으로 자신만의 새로운 생각을 덧붙여 문제 해결의 방법을 찾는 읽기라는 점에서 종합적 읽기입니다. 주어진 글을 정확하게 이해한 후 내용을 재구성하는 과정에서 자신만의 창의적 생각을 생성할 수 있습니다. 이렇게 생성된 창의적 생각을 문제 해결에 적용할 수 있습니다.

◆ 과정 1. 자신만의 새로운 생각 생성하기

주어진 글을 읽고 자신만의 창의적인 생각을 생성하려면 우선 글의 주제, 필자의 관점이나 입장을 정확하게 파악해야 합니다. 이는 필자의 생각에 대한 타당성 여부 판단의 근거가 됨은 물론 미비점 보완을 가능하게 하고 내용 재구성의 바탕이 되기 때문입니다. 수용과 비판을 통해 문제 해결의 창의적 아이디어가 생성됩니다.

◆ 과정 2. 문제 해결에 적용하기

과정 1에서 생성된 창의적 생각을 문제 해결에 적용합니다. 이때의 문제는 개인은 물론 사회, 국가의 문제 해결로 확장이 가능합니다. 다음은 창의적 문제 해결 과정의 예입니다.

어느 날 지렁이 두 마리가 서로 자기가 더 크다고 우기고 있었습니다.

"적어도 내가 너보다 1센티는 더 크다구."
"뭐? 바보, 넌 내가 몸을 구부리고 있는 것만 본 거야. 자, 봐. 내가 너보다 3센티는 더 크지."

평소 몸을 구부리고 있던 지렁이가 몸을 펴자 진짜 3센티 정도 더 길었습니다.

이렇게 지렁이 두 마리가 서로 길이 재기로 티격태격하고 있을 때 지나가던 두더지가 지렁이 두 마리를 모두 꿀꺽 먹어버렸습니다.

윗글에서 필자가 주려는 메시지는 무엇일까요? 지렁이 두 마리는 지금 도토리 키 재기식으로 싸우고 있습니다. 지렁이들이 서로 자기

가 크다고 다투는 사이 두더지는 손쉽게 먹잇감을 얻을 수 있었죠. 지렁이들의 문제점은 무엇일까요? 생산적이지 못한 소모적인 싸움을 하느라 천적 두더지가 오는 것도 모른 것입니다. 지렁이는 서로의 키 재기보다 천적인 두더지로부터 안전을 확보할 수 있는 전략 찾기 고민을 했어야 합니다. 만일 생존 전략 찾기에 집중했더라면 지렁이는 두더지에게 먹히지 않았을 겁니다. 이쯤에서 필자가 말하고 싶었던 주제를 파악할 수 있습니다. 비생산적인 싸움에서 벗어나 본질적 문제에 대한 탐색이 필요하다는 점을 강조하고 싶었던 것이지요. 이러한 현상은 우리의 일상에서도 비일비재합니다.

그러면 지렁이 예와 같은 공멸을 막는 방법은 무엇일까요? 자신을 둘러싼 상황을 정확하게 인식하고 그로부터 발생할 수 있는 문제를 예측한 후 본질적 차원에서 해결의 실마리를 찾기 위한 전략을 진지하게 고민하면 됩니다. 문제의 본질에 접근할 때 개인, 사회, 국가에 닥친 위기 상황도 지혜롭게 극복할 수 있습니다. 위의 지렁이 예에 대해 제가 제시한 방법 외에 또 다른 해결 방안을 자녀들과 함께 탐색해 보시길 권합니다.

한 편의 글을 제대로 이해하고 문제 해결력을 키우기 위해 다양한 측면에서의 독해가 필요합니다. 지금까지 안내한 다섯 가지 독해 방법은 독해력 향상은 물론 문제 해결의 힘을 키우는 데 중요한 역할을 합니다. 이 중에 특히 자녀가 어렵게 느끼고 있는 부분이 무엇인지 파악해 그것의 극복을 위한 작은 조언을 주면 큰 도움이 될 것입니다. 또한 자녀의 엉뚱한 생각, 호기심, 자잘한 질문, 경험을 존중해 주시길 바랍니다. 창의적 독해력은 열려 있는 생각에서 나옵니다.

수능 1등급을 만드는
독해 전략

수능에서의 독해력은 신속하고 정확한 독해를 전제합니다. 제한된 시간 안에 글을 읽고 문제를 푸는 그 자체가 독해력입니다. 실전에서 수능 국어 1등급을 받은 혜윤이 예를 들어보겠습니다. 혜윤이는 평소 2~3등급을 받는 학생이었습니다. 혜윤이의 치명적인 문제점은 바로 시간 부족이었습니다. 시간 부족은 곧 독해력의 부족이라는 사실을 이미 앞에서 확인했지요? 혜윤이를 독해 고수로 만들 수 있었던 독해 전략 여섯 가지를 소개합니다.

전략 1. 통으로 읽기 연습

통으로 읽는다는 것은 글을 한눈에 본다는 뜻입니다. 빠른 속도로 일독함을 말합니다. 한눈에 읽으려면 글을 구조화하면서 읽어야 합

190

니다. 중요 어휘나 개념어 구별을 위한 색칠하기, 기호 부여하기 등을 통해 자신만이 알 수 있게 시각화합니다. 이렇게 구조화해서 읽으면 글을 통으로 읽는 역량이 길러집니다. 글을 통으로 읽으면 글 읽는 속도가 빨라집니다. 먼저 신속하게 글을 읽고 내용을 이해하면 심리적으로 안정이 되고 문제 해결에 대한 자신감이 생깁니다. 글을 통으로 읽기 위해 혜윤이와 이런 연습을 했습니다.

- 전철 노선도 읽기: 노선별로 구별해 색칠하며 반복 읽기
- 사전 찾기: 명사, 동사, 부사 등 품사별로 구별해 색칠하며 반복 읽기
- 메뉴판 읽기: 음식 종류별로 구별해 색칠하며 반복 읽기
- 전화번호부 책 읽기: 지역별로 구별해 색칠하며 반복 읽기

이와 더불어 쉬운 글 읽기 연습도 병행했습니다. 사실 수능 국어 2등급이면 한 문제만 잡으면 1등급이 되는 실력이지요. 막힌 부분 하나만 풀어 주면 됩니다. 여기서 말한 쉬운 글은 중학교 교과서였습니다. 아주 좋은 읽기 자료죠. 통으로 읽기 연습이 시간 부족을 호소했던 혜윤이에게 유효하게 작용했습니다.

전략 2. 키워드 찾기 연습

혜윤이는 그동안 글을 읽을 때 정보를 찾는 데만 집중했었다고 합니

다. 키워드 중심 읽기 전략이 없었던 것이지요. 글 속에는 반드시 핵심어가 있는데 글쓴이는 이 핵심어를 중심으로 내용을 전개합니다. 따라서 글의 핵심어를 찾으면 정보 찾기가 빨라집니다. 핵심어는 글의 제목이나 반복되는 개념어, 중심 문장 등을 통해 찾을 수 있습니다. 혜윤이가 신문 기사, 사설, 칼럼 등과 같은 설명글, 논설 글의 키워드 찾는 연습을 꾸준히 한 결과 시간을 절약하는 데 큰 도움이 되었습니다.

전략 3. 메인 토픽 찾기 연습

메인 토픽은 글의 중심 화제를 의미하는데 글에서 중심 화제는 보통 키워드와 연관되어 서술됩니다. 한 편의 글은 중심 화제를 중심으로 중요 정보와 부수적 정보가 결합되어 전개됩니다. 중심 화제를 찾으면 필요한 정보와 불필요한 정보를 구별하는 감각이 생깁니다. 혜윤이가 독해 시간을 줄이는데 이 전략이 매우 큰 효과를 보았습니다. 글을 읽으면서 필요한 정보에만 줄을 치며 읽는 훈련을 했더니 그것이 읽기 시간을 줄이는 데 기여했습니다. 이 연습을 하기 전에는 처음부터 끝까지 다 읽고 나서 문제를 풀었다고 합니다. 그러다 보니 시간이 부족했고 글 핵심도 정확하게 파악하지 못했었지요. 메인 토픽 찾기는 전략 2의 키워드 찾기와 연계해서 연습하면 효과적입니다.

전략 4. 글의 구조 파악 연습

한 편의 글은 여러 요소가 논리적으로 연결되어 구성됩니다. 글의 구조 파악 단계에서는 처음-중간-끝과 같은 글의 짜임을 읽어내는 것이 중요한데, 글의 구조를 파악하면 글의 흐름이 한눈에 들어오게 됩니다. 이는 전략 1의 '통으로 읽기' 능력을 기르는 데도 도움이 됩니다. 이때 글의 구조 파악은 개요 작성 연습이 효과적입니다. 개요 작성 연습을 20회 정도만 시행해도 글을 한눈에 보는 힘이 충분히 길러집니다. 다음은 혜윤이와 함께 했던 개요 작성 연습 중 하나입니다.

제목: 자녀의 <u>조기 교육</u>
　　　　　　　키워드

주제문: 자녀의 특성에 맞는 조기 교육이 필요하다. — 메인 토픽

처음: 현재 자녀의 조기 교육에 대한 부모의 관심이 고조됨과 동시에 무분별한 조기 교육의 문제가 발생함— 문제 상황

중간: 1. 조기 교육의 문제점 — 문제 구체화
　　　　　가. 자녀의 소질과 성향을 무시한 조기 교육
　　　　　나. 무분별한 조기 교육
　　　2. 올바른 조기 교육 방안 — 해결 방안
　　　　　가. 자녀의 소질 및 성향 파악
　　　　　나. 자녀의 소질 및 성향에 맞는 교육 프로그램 개발 및

적용

맺음: 자녀의 특성에 맞는 올바른 조기 교육이 필요함 — 요약,
      정리 및 중심 내용 강조

개요 연습을 하며 키워드, 메인 토픽 중심으로 정보가 어떻게 연결되는지 주목해 보아야 합니다. 글을 신속하게 한눈에 보는 힘을 길러주기 위해서입니다. 혜윤이도 처음엔 이런 방식에 적응하느라 시간이 꽤 많이 걸렸습니다. 하지만 능숙해지자 독해 속도가 훨씬 빨라졌습니다. 구조 파악 감각이 생긴 것입니다.

개요가 제목, 주제문, 처음(서론), 중간(본론), 맺음(결론)으로 구성되어 있음을 알 수 있습니다. 이런 각 요소가 서로 유기적으로 맺어져 한 편의 글이 생성됩니다. 저는 혜윤이게 이 개요를 바탕으로 한 편의 글을 써 보라고 주문했습니다. 혜윤이는 다음과 같은 글을 써 냈습니다. 혜윤이가 실제로 쓴 글을 허락하에 보여드립니다. 아래 글에서 고딕으로 표기한 부분은 개요의 각 항목을 구체화한 부분입니다. 개요와 비교하면서 한번 읽어보세요.

요즘 부모의 자녀에 대한 **조기 교육** 열풍이 고조되고 있고, 자녀의 조기 교육에 대한 부모의 관심이 고조됨과 동시에 **무분별한 조기 교육으로 인한 문제** 또한 발생하고 있다. — 처음

이러한 **조기 교육의 문제점**으로 우선, 부모가 **자녀의 소질과 성향을 무시한 채 교육**을 시키고 있다는 점을 들 수 있다. 조기 교육은 말 그대로 이른 시기부터 교육을 시킨다는 뜻이다. 부모들은 자녀의 특성을 정확하게 파악하지도 않고 성급하게 지식만을 주입시키려 하고 있다. 다음으로 **무분별하게 조기 교육**을 시키고 있다는 점이다. **자녀의 특성에 맞추어 소질을 계발해 주는 교육이 아니라 이른 시기부터 상급 학교 진학에 방향을 맞춘 특정 교과 지식 교육만을 시키고 있다.** 그리고 지나치게 많은 교육 프로그램으로 자녀를 지치게 하고 있다는 점도 간과할 수 없다. ─ 중간

이러한 문제점에서 벗어나 **올바른 조기 교육을 시키기 위해서는** 우선 **자녀의 소질 및 성향을 먼저 정확하게 파악**해야 한다. 그래야만 올바른 방향의 조기 교육이 가능하기 때문이다. 다음으로 **자녀에게 무리를 주지 않는 정도의 교육 프로그램을 개발**해 조금씩 천천히 교육을 시키는 것이 바람직하다. 한꺼번에 욕심껏 교육을 시키다 보면 자녀가 일찍 싫증을 낼 수 있기 때문이다.

부모의 자녀에 대한 교육 욕심은 점점 커지고 있다. 그렇다고 무분별하고 무리하게 어린 자녀를 일찍부터 교육을 시키는 것은 바람직하지 않다. **자녀의 성향과 소질을 먼저 파악한 후 그에 맞는 조기 교육을 시키는 것이 중요하다.** 급히 먹는 밥이 체한다는 옛 선인들의 가르침을 되새겨 볼 필요가 있다. ─ 맺음

이 과정을 혜윤이는 10회 연습했습니다. 그 결과 눈에 띄게 글을 빠르고 정확하게 읽어내는 걸 보게 되었습니다. 개요가 어떻게 한 편의 글로 완성되는지에 대한 통찰을 바탕으로 자신이 직접 개요를 작성해 글을 써 보면 글을 통으로 읽는 힘이 길러지고, 글을 신속 정확하게 독해하는 역량이 생깁니다. 혜윤이가 시간을 절약하는 데 가장 결정적인 역할을 했던 훈련이 바로 이 개요 연습이었습니다. 독해력 향상을 위해 이런 방법을 활용한 학생이 있다면 그는 이미 독해의 달인, 글쓰기 달인입니다.

언론사 시험에 합격했던 세아도 이런 방식으로 연습했습니다. 긴 글을 요약해 보고 요약한 글을 다시 길게 써 보고 하는 연습이 언론사 시험 준비에 특히 효과적이었습니다. 이때도 개요 작성이 큰 도움이 됩니다. 개요를 글로 풀어 써 보고, 풀어 쓴 글을 다시 개요 형태로 압축해 보는 과정에서 글을 한눈에 장악하는 힘이 길러집니다.

전략 5. 추론 연습

추론은 글 속에 글쓴이가 숨겨 놓은 내용을 파악하고 의도적으로 생략한 정보를 찾아 글의 내용을 완전하게 이해함을 의미합니다. 표면 정보를 통해 이면 정보를 찾아내야 하기 때문에 대부분의 학생들이 추론을 가장 어려워합니다. 정보가 보이지 않으니까요. 또한 논리적 비약을 파악해야 하기 때문에 고도의 논리력과 추리력을 필요로 합니다. 혜윤이는 표면 정보를 찾은 속도는 빠른데 추론에 약했습니다. 실제로 중·고등학교 시험에서 가장 많이 출제되는 영역인데 말입니다. 그리고 논리적 비약으로 인한 정보 생략이 무슨 말인지 혜윤이가 쉽게 이해하지 못했습니다. 그래서 다음과 같은 일화를 통해 혜윤이를 이해시켰습니다. 한번 보실까요?

"엄마, 나 오늘 시험 백 점 맞았어!"
"정말? 잘했어!"
그런데 다음 날 자신의 점수를 확인해 보니 100점이 아니었습니다. 그래서 선생님을 찾아가 여쭤봤습니다.
"선생님, 저 뭐가 틀렸어요?"
"음, 가구 문제. 침대를 가구가 아니라고 했네."
"네? 선생님, 그거 맞잖아요. 침대는 가구가 아니잖아요."
"누가 그래?"
"그거 티비에서 그랬어요."

다음 중 가구가 아닌 것은?
① 침대 ② 옷장 ③ 식탁 ④ 어항

이렇게 출제되었는데 아이는 문제를 보자마자 '침대'라고 답했습니다. 그리고 텔레비전 광고에서 본 기억을 떠올려 ①번을 답으로 쓰고 의기양양 엄마에게 100점을 외쳤던 것이죠. 왜 이런 문제가 발생했을까요? 이 학생은 아무런 의심도 없이 유명 광고 카피대로 침대를 가구가 아니라고 골랐던 것입니다. 초등학교 저학년 학생이 그

광고 카피가 지닌 논리적 비약을 찾아낼 수 있을까요? 이 문장의 생략된 정보를 추리해 낼 수 있을까요? 불가능합니다. 그러면 어떤 정보가 생략되어 이런 문제를 야기했을까요? 초등학생에게 위의 카피를 이해시키려면 적어도 다음과 같은 정보를 보완했어야 했습니다.

침대는 가구가 아닙니다.
→ 저희 회사의 침대는 단순한 가구가 아닙니다. 최첨단 인체공학적 원리를 적용해 과학적으로 만든 안락한 침대입니다. 그러므로 저희 회사의 침대는 과학입니다.

"침대는 가구가 아닙니다. 침대는 과학입니다." 이 두 문장은 정보가 생략된 논리적 비약 관계입니다. 따라서 두 문장이 긴밀하게 연결되려면 생략된 문장이 반드시 필요합니다. 앞의 예는 의도적으로 생략한 정보를 파악하지 못해 야기된 에피소드로 추론 능력의 중요성을 깨닫게 해줍니다. 추론 능력을 키우려면 위의 예처럼 문장 간 논리적 관계를 추론하거나 단락 간 관계를 추론하는 연습을 꾸준히 하면 좋습니다. 혜윤이는 이 에피소드를 통해 논리적 비약을 깔끔하게 이해했습니다. 그리고 이와 유사한 실전 문제를 반복 연습했습니다. 그 결과 시간을 많이 써도 틀리던 추론 영역 문제를 완벽하게 극복하게 되었습니다.

전략 6. 스킵 연습

이 전략은 전략 2의 '키워드 찾기'와 전략 3의 '메인 토픽 찾기'와 긴밀하게 연계되어 있습니다. 제시된 글의 불필요한 부분을 건너뛰며 읽는 방법인데, 이 전략에 익숙해지면 주어진 글의 핵심을 놓치지 않고 독해하는 시간을 줄일 수 있습니다. 즉 중요한 정보와 불필요한 정보를 구별해 읽는 과정에서 글 읽는 시간을 절약하게 됩니다. 그 절약한 시간을 문제 푸는데 할애할 수 있으니 선택지 분석을 더 정교하게 해서 오답을 피하는 시간에 쓸 수 있게 됩니다.

스킵 역량을 키우기 위해서는 중심 문장과 부수적 문장을 찾는 연습을 하는 것이 효과적입니다. 중심 문장은 글의 주제와 긴밀하게 연관되어 있고 부수적 문장은 생략해도 문맥에 크게 영향을 주지 않습니다. 그래서 글을 읽을 때 중심 문장을 먼저 찾아야 합니다. 스킵 연습은 토막글이나 쉬운 내용의 긴 글을 독해 연습 자료로 활용하는 것이 좋습니다. 시험은 시간 싸움이라는 사실을 잊지 말아야 합니다. 시간이 많으면 누구든 답을 찾아내니까요. 스킵 연습은 독해 시간을 줄여 짧은 시간에 답을 찾는 핵심 역할을 합니다.

3부

단계별
학습 로드맵

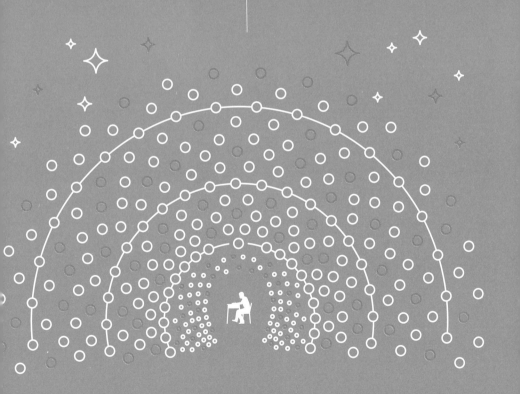

1장

◇

학년별
초등 공부법

초등 시기에 공부 방법을 잘 찾는 것이 중요합니다. 제가 초등학교 공부 방법에 주목한 이유는 이 시기의 공부가 중·고등 시기로 그대로 이어지기 때문입니다. 공부 방법이 왜 중요할까요? 스스로 공부하겠다는 마음이 생겨도 공부 방법을 모르면 공부 효율성이 떨어지기 때문입니다. 공부 방법만 몸에 배면 자기주도적 공부에 탄력을 받게 되는 건 시간 문제지요. 이제부터 초등 학년별 공부법과 각 과목별 공부법을 살펴보겠습니다.

학년별 공부법

◆ 저학년(1~2학년)

이 시기에는 읽기, 쓰기, 셈하기와 같은 기초 학습 능력을 기르는 데 중점을 둡니다. 부모님은 아이가 호기심으로 공부에 접근할 수 있도록 도와주셔야 합니다. 그래야 공부에 싫증을 느끼지 않게 됩니다. 그리고 앞에서 말씀드린 대로 공부 습관 들이기에 신경을 많이 써야 합니다. 예를 들어 정해진 시간에 자리에 앉아 숙제하기, 그날 배운 내용 복습하기가 습관이 되게 해야 합니다. 또한 부모님께서는 아이를 심리적, 정서적으로 지지해 주고, 공부할 수 있는 환경을 만들어 주어야 합니다. 예를 들어 아이가 공부할 때는 부보님도 TV를 시청하지 않고 책 읽는 모습, 공부하는 모습을 보여주세요. 아이와 함께 호흡하는 겁니다. 앞에서도 언급했듯이 아이 공부를 위해 부모가 솔선수범해야 합니다. 이 시기의 아이는 부모를 자신의 롤모델로 생각하기 때문이지요. 마지막으로 아이가 질문하는 습관을 갖게 해 주세요. '궁금하면 언제든지 물어봐도 돼'라고 말하면서 말이죠. 질문을 많이 하는 아이가 공부도 잘합니다.

◆ 중학년 (3~4학년)

이 시기부터 교과목 공부에 충실해야 합니다. 저학년에 비해 공부량이 많이 늘어나는 시기이기 때문입니다. 숙제도 늘어나겠지요. 그래서 학습 내용 복습에 중점을 두어야 합니다. 공부 시간도 2시간 정도로 늘려 숙제나 복습에 몰입할 수 있도록 해 주세요. 그리고 자기 생각을 정리해서 말하고 발표하는 연습도 시켜 주세요. 이해력과 표현력을 기르기 위해서죠. 이때 별도의 Q&A 노트를 만들어 활용하면 공부 시너지 효과를 볼 수 있습니다. 이 시기는 영어, 컴퓨터 활용능력 기초도 다지게 해야 합니다.

이 시기도 중학년과 마찬가지로 교과 공부에 충실해야 합니다. 숙제나 복습에 중점을 두면서 말이죠. 그리고 숙제나 복습 시간도 3시간 정도 몰입할 수 있도록 해 주세요. 공부 시간을 서서히 늘려가야 합니다. 또한 더 깊이 생각해 보는 즐거움도 맛보게 해 주어야 합니다. 지속적인 공부를 위해서 말이죠. 영어, 컴퓨터 활용능력도 심화·발전시켜 주시고요. 친구나 선생님, 부모와의 대화를 통해 나름대로의 생각을 가다듬는 기회도 갖게 합니다. 즉, 새롭게 알게 된 내용을 원인이나 이유를 제시하며 설명하는 연습을 시키는 것이지요. 이를 통해 논리적 사고력과 설득하는 힘이 길러집니다.

초등 과목별 공부법

◆ 국어

국어는 말하기, 듣기, 읽기, 쓰기가 통합적으로 이루어지는 과목입니다. 읽기의 경우 우선 어휘력을 쌓는 것에 중점을 두어야 합니다. 어휘력이 풍부하면 국어 공부가 쉬워지므로 모르는 낱말은 사전을 찾아 그 뜻을 정확히 알도록 하고, 독서를 통해 문맥 속에서 어휘의 활용을 자연스럽게 익히도록 하는 것이 중요합니다. 이를 바탕으로 사실적 이해의 차원을 넘어 추론적 이해, 비판적 이해, 창의적 이해의 단계까지 이르도록 해야 합니다. 듣기 영역에서는 상대방의 말을 경청하고, 말하는 이의 의도를 파악하며 듣고, 상대방의 말에 공감하며 듣는 연습도 병행하면 좋습니다. 말하기 영역에서는 자기의 생각을 알맞은 크기의 목소리로 조리 있고, 자신 있게 말할 수 있게 연습합니다. 이러한 과정을 통해 이해 능력이 길러지는 것이지요. 쓰기 영역에서는 글씨 바르게 쓰기, 문장 쓰기, 문단 쓰기, 한 편의 글쓰기 단계로 나아가도록 하고, 자기만의 생각과 느낌이 잘 드러나도록 연습하는 것이 중요합니다. 그리고 독후감이나 일기 쓰기를 습관화하면 읽기, 쓰기 능력이 동시에 길러집니다. 자녀의 국어 실력을 키워주고 싶다면 아이와 자주 대화하고, 아이의 독특한 생각이나 느낌을 인정하고 지지해 주세요. 그것이 아이의 표현력과 창의력을 키워주는 가장 쉬운 방법입니다. 또한 영상매체에 나온 내용을 비판적으로 이해하도록 도와주는 것도 좋은 방법입니다.

◆ 영어

초등 영어에서는 무엇보다도 영어에 대한 흥미와 자신감을 갖도록 하는 것이 중요합니다. 처음부터 영어 공부에 대한 스트레스를 주면 역효과가 나는 것은 불 보듯 뻔한 일이지요. 단어를 하루에 수십 개씩 암기하는 식으로 영어 공부를 하면 영어에 부담을 느껴 흥미를 잃게 되고 지속적인 공부도 힘들게 합니다. 단어만 따로 암기하지 말고 교과서에 나온 표현을 통문장으로 익히게 하여, 그 과정에서 단어의 의미를 알게 하는 것이 좋은 공부 방법입니다.

영어 발음은 원어민의 발음에 가깝도록 노력하되, 의사소통에 지장이 없는 정도면 됩니다. 발음 자체보다 더 중요한 것은 영어로 더 많이 말을 할 수 있느냐입니다. 그럼 어떤 방법이 좋을까요? 영어를 접할 수 있는 여러 매체를 활용합니다. 예를 들어 챈트, 노래(팝송 포함), 비디오 클립(영화 포함)을 통해 살아 있는 영어와 영어권 문화를 익히도록 이끌어주면 좋습니다. 또한 영어 동화책 읽기는 우리나라와 같은 외국어로서의 영어 환경에서 영어 능력을 키우는 데 매우 효과적인 방법입니다.

이때 수준별로 차근차근 재미를 느끼며 지속할 수 있도록 해야 합니다. 그리고 학교에서 방학 중 이루어지는 영어캠프에 지속적으로 참여하는 것도 영어 실력 향상에 큰 도움이 됩니다. 영어는 외국어이고 외국인과 자유롭게 대화할 수준까지 가기 위해서는 지속적인 학습과 절대적인 축적의 시간이 필요합니다. 영어는 학교 공부 외에 학원 공부도 많이 시키는데 경제성, 학습 효과성 등을 고려하면 개인 공부 → 학원 진단 시험 후 정해진 레벨에서 공부 → 개인 공부 → 타 학원에서의 진단 시험 후 정해진 레벨에서 공부 → 개인 공부의 패턴을 시도해 보는 것이 영어 공부에 도움이 됩니다.

◆ 수학

수학은 기초, 기본 학습이 잘되어 있어야 공부 흥미도 유지되고, 다음 단계 공부도 성공적으로 이루어집니다. 따라서 체계적이고 성실한 학습을 통해 학년별 개념, 원리, 법칙에 대해 이해하고, 충분한 연습을 통해 계산 능력을 키워야 합니다. 기초를 튼튼하게 다져야 한다는 뜻입니다. 교과서에 제시된 수학적 개념이나 원리를 생활 주변에서 적용 예를 찾아보면서 공부하면 동기 유발과 문제 해결에 도움이 됩니다. 수학 관련 도서를 찾아 읽는 것도 수학 공부에 도움이 됩니다. 그리고 수학적 놀이나 게임을 통해 수 감각이나 공간 감각을 기를 수 있도록 다양하게 제공해주면 좋습니다. 중요한 것은 아이가 수포자가 되지 않도록 세심하게 관찰하여 수학 때문에 스트레스 받는 상황을 미연에 방지하는 것입니다. 아이가 수학을 어려워할 때 적절한 도움을 주는 것이 부모가 해줄 수 있는 최선의 방법입니다.

◆ 사회

사회는 학습 내용이 다소 많게 느껴지는 과목입니다. 사회를 암기 과목으로 생각하기 때문이죠. 그래서 더욱 체계적으로 공부해야 합니다. 우선 사회라는 과목은 좁은 범위부터 시작해 넓은 범위의 사회 생활을 이해하는 과정이라고 생각하면 쉽습니다. 즉, 가정 → 이웃 → 학교 → 마을 → 자치구 → 시·도 → 국가 →세계와 같이 단계적으로 이해하는 식이지요. 교과서 학습 관련 내용을 실생활에서 찾아보면서 정치, 경제, 사회, 문화, 역사 등 사회 생활 전반과 연결해 입체적인 공부가 되도록 하면 도움이 됩니다. 이때 신문 기사, 방송 프로그램, 유튜브 등을 활용할 수 있습니다. 구체적으로 기후 변화, 환경 문제 등 전 지구적 관심사에 대해서도 탐구해 봅니다. 연계 학습인 셈이죠.

역사는 각 시대의 특색을 중심으로 우리나라의 역사적 전통과 문화의 특수성을 이해한 후 중요한 연표를 암기합니다. 암기가 공부에 무슨 도움이 되냐고 물을지도 모릅니다. 그러나 중요한 연표는 암기해야 합니다. 그래야 역사의 흐름을 이해하는 데 도움이 됩니다.

또한 해당 학년의 사회 학습 관련 장소를 현장체험학습지로 정하여 보다 생생한 공부가 되도록 하는 것도 좋은 방법입니다. 책을 통해 익힌 지식을 실제로 확인해 보는 과정이지요. 이렇게 하면 당연히 기억에 오래 남습니다. 현장체험학습의 최대 장점이죠. 사회 공부를 잘하기 위해서는 사회 전반에 걸친 기본 지식이 갖추어져야 하므로 이에 대한 충실한 학습이 이루어지도록 해야 합니다.

◆ 과학

과학을 잘하기 위해서는 우선 주위의 자연 현상과 사물에 대해 호기심과 흥미를 가져야 하고, 세심한 관찰력과 탐구 자세를 갖추어야 합니다. 교과서에서 배운 내용을 실생활과 관련지어 사례를 찾아보고, 의문을 갖고 해답을 찾아보는 과정이 매우 중요합니다. 좀 더 심도 있는 과학 공부를 위해 관련 잡지와 서적, 방송 프로그램, 인터넷 검색 정보 등을 적극 활용할 필요가 있습니다. 기후 변화, 환경 문제 등 전 지구적 관심사에 대해 탐구하고 소박한 보고서를 써보는 것도 과학 공부에 큰 도움이 됩니다.

공부에 도움이 되는 노트 필기법

과거에는 초등학교에서도 공책을 따로 마련하여 활용했지만 요즘은 교과서에 직접 쓸 수 있도록 되어 있어 노트 필기를 안 하는 경우가 대부분입니다. 그런데 좀 더 깊이 있는 공부를 위해서는 별도 노트를 준비하여 쓰게 하는 것이 좋은 방법입니다. 수업 중에는 교과서를 활용하기 때문에 하교 후 그날 배운 내용을 핵심만 정리하여 노트에 쓰면서 복습하는 것이 좋습니다. 그리고 더 알아보고 싶은 내용을 질문 형태로 기록한 후, 선생님이나 부모님께 질문하거나 관련 도서를 찾아 읽거나, 인터넷 검색 등을 통해 답을 찾아 정리해 나간다면 보다 깊이 있는 공부에 도움이 될 것입니다.

◆ 저학년 (1~2학년)
- 바른 자세로 연필 잡는 법을 지켜 글씨 쓰게 하기
- 교과서와 워크북에 또박또박 바르게 글씨 쓰기
- 맞춤법과 문장부호에 주의하며 글씨 쓰기
- 빨리 쓰기보다는 정확하게 쓰게 하기

◆ 중학년 (3~4학년)
- 핵심 단어를 사용하여 교과서와 워크북에 학습 내용 정리하기
- 바른 자세로 연필 잡는 법을 지켜 글씨를 쓰도록 하고, 속도는 차츰 올리기
- 더 알아보고 싶은 내용을 써보고, 답도 찾아 정리해 보기
- 마인드맵 형태 등 구조화된 노트 필기 해 보기
- 별도의 공책을 마련하여 교과별로 학습 내용을 정리해 볼 수도 있음

◆ 고학년 (5~6학년)
- 핵심 내용 중심으로 학습 내용 요약해 보기
- 마인드맵, 씽킹맵, 그림, 표 등 여러 가지 방법으로 구조화된 노트

필기 해 보기(이해하기 쉽고, 기억하기 좋음)

- 형광펜이나 색 볼펜을 사용하여 노트 필기해 보기
- 별도의 공책을 마련하여 교과별로 학습 내용 정리, 꼬리에 꼬리를 무는 심화된 공부 기록해 보기
- 노트 필기한 것을 주기적으로 복습할 때 활용하기

Q. 학원을 가야 한다면
언제부터 가는 것이 좋을까요?

A. 학원은 크게 국, 영, 수, 주지교과 중심의 학원과 실기 중심의 예체능 학원으로 나눌 수 있는데, 학부모님들은 예체능 학원에 아이들을 먼저 보내거나 주지교과 중심의 보습학원과 병행하여 보내기도 합니다.

만약 주지교과 중심의 보습학원에 언제부터 가는 것이 좋겠느냐고 묻는다면 초등학교 3~4학년이 적절하다고 말씀드립니다. 3학년부터는 교과 분화가 이루어지고, 인지발달과 신체발달, 교과의 난이도 변화, 자기주도적인 학습능력 형성 등을 고려할 때 적절한 시기라고 생각하기 때문입니다.

그런데 학원 수강의 효과를 거두기 위해서 이점만은 반드시 기억하셔야 합니다. 아이와 충분한 대화를 통해 학원에 가는 목적을 확인하고 학원의 종류와 가는 시기를 함께 결정하는 것입니다. 이 과정이 생략되고 부모 주도로 계획하여 일방적으로 강요하면 기대하는 효과를 얻기 어렵습니다.

Q. 우리 아이 기초가 부족한데
처음부터 다시 공부해야 할까요?

A. 막연하게 우리 아이 기초가 부족하다고 생각하는 순간 공부 방향이 이상한 쪽으로 흘러갈 수 있습니다. 우선 부족한 기초가 무엇인지에 대한 정확한 진단이 필요합니다. 그래야 올바른 방향 설정이 가능해집니다. 기초가 부족하면 공부에 흥미를 잃게 됩니다. 심하면 학습 장애를 초래할 수도 있습니다. 만일 부족한 기초가 무엇인지 정확하게 진단 되면 그 부분을 처음부터 다시 공부하면 됩니다. 공부는 양보다 질로 승부하는 공부가 언제나 더 좋은 성적을 냅니다. 기초가 탄탄하면 적용하는 힘이 생겨 공부에 흥미를 갖게 됩니다.

Q. 초등학교 우등생이
중학교 진학 후 성적이 떨어지는 이유는 뭔가요?
또 계속 우등생이 되는 비법은요?

A1. 초등학교에서는 칭찬과 격려, 긍정적인 피드백을 듬뿍 주는 분위기지만 중학교에 진학하면 다소 냉정하고 정확한 점수 평가가 이루어지기 때문에 성적이 하향되는 것으로 느껴질 수 있습니다. 심리적으로 위축되는 거죠. 또한 초등학교와 중학교의 평가 목적과 방법, 성과의 차이를 아이들이 인식하지 못하는 이유도 있습니다. 그리고 초등학생은 담임교사와 깊은 관계성을 가지는 데 비해 중학생은 다양한 교과 교사와 만나기 때문에 긴장감, 불안감의 정도, 선생님들과의 관계성에 따라 성적에도 영향을 받는 경우가 많습니다.

A2. 우선 자신감이 필요합니다. 이를 바탕으로 강한 목표 의식, 동기, 의지, 학습태도, 자기주도성 등 개인적인 측면의 장점을 살려야 합니다. 그리고 학급 임원 경력 등 리더십이 있으면 공부에도 긍정적인 영향을 줍니다. 선행학습을 위한 과외나 학원 수강 등 가정에서의 관심과 투자가 영향을 주기도 합니다.

Q. 중학교 연계 학습 방법은
무엇인가요?

A. 특별히 어휘력 신장을 위해 노력해야 합니다. 초등학교 교과서와 달리 중학교 교과서의 어휘 수준이 확연히 높아지기 때문입니다. 예를 들어 중학교 수학 교과서에 개념 이해와 용어가 한자로 제시되고 사회와 과학 과목에도 한자어가 많이 나옵니다. 수준의 격차로 당황하지 않도록 초등학교 전 학년의 학습 내용을 총괄적으로 정리해 보고 초등학교와 중학교의 차이점을 미리 알아두면 좋습니다.

Q. 예비 중1, 예비 고1 선행학습은 어디까지 해야 할까요?

A1. 교육 현장 경험에 비추어 보면 초등 6학년과 예비 중1은 확연히 다르다고 말씀드릴 수 있습니다. 대략 두 달 정도 기간밖에 안 되지만 아이들 사고와 태도가 몰라보게 성숙되는 기간입니다. 이 시기는 공부 환경도 급격히 달라지고 사춘기가 오기도 합니다. 이러한 예민한 때 지나친 선행학습은 오히려 아이에게 독이 될 수 있습니다. 우선은 아이가 급격히 변화된 환경에 잘 적응할 수 있도록 심리적 안정을 유지하게 해 주시는 게 장기적 공부에 더 도움이 됩니다. 이 시기에는 아이가 독서를 할 수 있는 환경을 만들어 주는 게 좋습니다. 독서를 선행학습이라고 생각하면 좋겠습니다.

A2. 예비 고1은 대학 입시를 앞두고 있기 때문에 학부모님들은 마음이 급해집니다. 그렇다고 무리하게 선행학습에 치중하면 아이가 지칠 수 있습니다. 학교 공부에 흥미를 잃게 될 수도 있습니다. 그래서 예비 고1은 고등학교 공부에 흥미를 갖게 하는 정도의 선행이면 족합니다. 학교 공부에 집중하는 즐거움을 맛보게 하는 정도로 조절해 주세요.

2장

◇

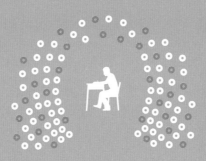

학년별
국어 공부법

국어의 기초를 세우는
초등 국어 공부법

국어 역량은 모든 과목 학습의 성패를 결정하는 요인으로 작용합니다. 특히 초등 국어 공부는 중·고등학교로 이어지는 바탕이 된다는 점에서 중요합니다. 초등 국어는 듣기, 말하기, 읽기, 쓰기, 문법, 문학 영역의 공부를 통해 담화나 제시된 글을 정확하고 비판적으로 이해하는 역량을 기르고, 효과적이고 창의적으로 표현하며 소통하는 데 필요한 기능을 익히는 것을 목표로 합니다. 즉, 초등 국어는 이해와 표현을 통한 언어 사용 능력을 기르는 동시에 원활한 소통을 국어 공부의 중요한 요소로 보고 있는 것이지요. 초등 국어는 중·고등으로 이어지는 첫걸음이라는 점에서 학습 원리에 맞추어 공부하는 것이 바람직합니다. 그럼 이제부터 성취기준에 맞추어 각 학년별 국어 공부법을 말씀드리겠습니다. 성취기준을 알아야 공부 방향 설정이 용이하겠지요?

초등 1~2학년

초등 1~2학년 국어 과목 성취기준은 '취학 전의 국어 경험을 발전시켜 일상생활과 학습에 필요한 기초 문식성(글을 읽고 쓸 줄 아는 능력 및 읽은 글을 이해하는 능력)을 갖추고, 말과 글(또는 책)에 흥미를 갖게하는' 데 있습니다. 기본적 언어 사용 능력을 키워 주고 공부에 관심을 유발하는 단계입니다. 이 시기는 다음과 같이 공부 방향을 설정하면 좋습니다.

첫째, 남의 말을 집중하며 듣거나 어법에 맞는 고운 말을 사용할 수 있도록 합니다. 특히 고운 말을 쓰도록 이끌어주어야 합니다. 언어 사용 습관은 이른 시기에 결정되기 때문이죠.

둘째, 중요한 낱말, 문장을 소리 내어 능숙하게 읽는 연습을 합니다. 낭독은 초등 저학년에서 정말 중요한 포인트입니다.

셋째, 받아쓰기를 통해 글자를 정확하게 쓰는 연습을 합니다. 받아쓰기는 문해 공부의 중요한 방법입니다. 쓰면서 글자를 익히고 어휘에 관심을 갖게 되기 때문이죠. 이때 주의할 것은 너무 어려운 글자보다 쉬운 글자를 먼저 받아쓰게 하고, 단계를 높여가며 단계적으로 하는 게 좋습니다. 국어에 흥미를 잃지 않게 하기 위해서죠.

넷째, 문장에 따라 알맞은 문장 부호(마침표, 물음표, 느낌표, 쉼표 등)

를 익힙니다. 문장 부호도 글자라는 인식을 갖게 하면 좋습니다. 문장 부호가 의미 전달에 중요한 역할을 한다는 점을 알기 쉽게 설명해 주세요.

다섯째, 문학 영역에서는 상상력이 돋보이는 그림책, 이야기, 만화나 애니메이션을 활용해 공부하는 것이 효과적입니다. 아이의 흥미와 관심을 유발하게 해 주기 때문이죠. 내용 이해에도 도움이 됩니다.

초등 3~4학년

초등 3~4학년 국어 과목 성취기준은 '생활 중심의 친숙한 국어 활동을 바탕으로 일상생활과 학습에 필요한 기본적인 국어 능력을 갖추고, 적극적이고 능동적인 의사소통 태도를 생활화'하게 하는 데 있습니다. 이 시기는 본격적인 국어 학습 단계입니다. 또한 타인과의 원활한 소통 능력을 길러주는 시기이기도 하고요. 그럼 학습 방향을 알아볼까요?

첫째, 다양한 목적의 대화 상황에서 언어적 표현을 보강하는 표정, 몸짓, 말투를 선택해서 말할 수 있는 역량을 기릅니다. 언어 이외의 동작도 의사소통에 중요하다는 것을 알게 해 줍니다.

둘째, 중심 낱말, 문장을 통해 중심 생각을 찾는 연습을 합니다. 이

220

때 중심 문장과 뒷받침 문장을 찾는 연습도 병행합니다.

셋째, 이해한 내용을 문단으로 써보는 연습을 합니다. 문단 쓰기를 할 때는 중심 내용과 뒷받침 내용을 잘 조직하여 문단 자체의 완성도를 높이도록 합니다.

넷째, 어휘에 관심을 가질 수 있도록 국어사전(종이사전, 인터넷 사전 등)에서 낱말을 찾고, 찾은 어휘를 이용하여 연상 활동이나 말놀이 연습을 합니다. 이런 활동을 통해 어휘와 자연스럽게 친숙해질 수 있습니다.

다섯째, 학교, 가족, 또래 집단을 소재로 한 작품 중 현재 자신이 겪고 있는 고민을 성찰하는 데 도움이 되는 작품을 찾아 읽고 요약하는 연습을 합니다. 이때 아이의 발달 수준에 적절한 작품을 선정하는 것이 중요합니다. 수준이 너무 높으면 흥미를 잃을 수도 있기 때문입니다.

초등 5~6학년

초등 5~6학년 국어 과목 성취기준은 '공동체·문화 중심의 확장된 국어 활동을 바탕으로 일상생활과 학습에 필요한 국어 교과의 기초적인 지식과 역량을 갖추고, 국어의 가치와 국어 능력의 중요성을 인식'하게 하는 데 있습니다. 국어 역량을 사회 구성원과의 관계 속에서 실현하는 단계로 볼 수 있습니다. 국어가 삶 속에서 왜 중요한지도 알게 하는 시기입니다. 이때의 학습 방향은 다음과 같습니다.

첫째, 토론을 통해 상대방을 설득하는 방법을 익힙니다. 토론 시 논제에 대한 입장을 정하고 주장을 뒷받침할 만한 근거를 찾아 합리적이고 논리적인 설득이 되도록 합니다.

둘째, 글 전체의 내용을 요약하는 연습을 합니다. 이때 중심 문장을 그대로 옮기는 것이 아니라 이해한 내용을 자신의 말로 재구성하도록 합니다.

셋째, 자신의 생각을 글로 써보는 연습을 합니다. 쓰기의 절차에 따라 논리적으로 완성된 글이 되도록 합니다. 쓰기 절차는 계획하기, 내용 생성하기(브레인스토밍, 마인드맵 등), 내용 조직하기, 초고 쓰기, 고쳐 쓰기(띄어쓰기, 맞춤법 포함) 과정을 거친다는 점을 숙지합니다.

넷째, 바른 국어 사용을 위해 발음, 표기, 어휘 등의 기본적인 요소와 함께, 어법, 언어 예절 등의 화용적인 기본 지식도 익힙니다. 의사소통 예절의 중요성을 인식하게 해 주면 좋습니다.

다섯째, 문학 작품 해석 연습을 합니다. 이때 자유롭게 자신의 관점에서 해석하되 합리적인 타당성을 유지하도록 합니다. 문학 작품 해석의 개방성과 다양성은 허용되지만 타인이 공감하는 방향에서 해석이 이루어지도록 가이드해 주어야 합니다.

초등학교 시기는 자녀가 체육만큼 국어를 선호하는 과목이 되도록 이끌어주는 것이 중요합니다. 이를 위해 학년별 학습 요소와 내용에 대한 결손이 일어나지 않도록 면밀히 체크해주세요. 그리고 자녀가 어휘를 풍부하게 습득할 수 있도록 지도해주시길 권합니다. 100곡 이상의 히트곡을 자랑하는 김이나 작사가도 어릴 때부터 국어사전 보는 걸 좋아할 정도로 어휘에 강한 애착을 가졌다고 합니다. 탄탄한 어휘력이 좋은 노랫말을 구성하는 바탕으로 작용한 것이지요.

자녀에게 다양한 종류의 글을 접하게 해 주시고 글을 읽고 생각을 정리하는 습관을 갖도록 이끌어 주세요. 독서와 독후 활동은 독해력 향상의 기본입니다. 아울러, 논리적 사고력과 사고의 정합성을 높이기 위한 자기만의 글쓰기(작문) 공책을 만들어 쓰기를 습관화할 수 있게 이끌어 주시기 바랍니다.

중학교 국어 공부법

중학교 국어는 초등학교 국어 교과와 연계되어 있습니다. 즉 초등학교 국어를 심화하는 방향에서 학습이 이루어집니다. 학교에서의 평가도 이런 점에 염두를 두고 이루어집니다. 그리고 중학교 국어 교과는 고등학교 국어의 기초를 닦는 과정입니다. 초등학교 국어가 기본 지식 학습을 바탕으로 한 단순 이해 수준이라면, 중학교 국어는 좀 더 높은 수준의 이해력과 사고력을 요구하는 단계로 보면 됩니다.

중학교 국어는 말하기, 듣기, 쓰기, 읽기, 문학, 문법 영역이 교과서에 모두 포함되어 있습니다. 이는 고등학교 국어에 그대로 이어집니다. 이러한 학습 내용을 효과적으로 공부하기 위해서 각 영역의 기본 개념을 철저히 공부한 후 적용하는 힘을 길러야 합니다. 좀 더 구체적으로 각 학년별 공부법을 제시해 보겠습니다.

중학교 1학년

중학교 1학년은 자유학기제로 운영되기 때문에 교과 성적에서 자유로운 시기입니다. 그래서 열려 있는 국어 공부가 가능한 절호의 기간이기도 하죠. 그런데 잘못하면 초등학교 때 쌓은 국어 실력이 무너질 수 있는 위험한 때이기도 합니다. 공부 긴장도가 떨어지는 시기라는 점에서 그렇습니다. 한마디로 어수선한 분위기에 휩싸여 공부를 안 할 수 있다는 것이지요. 중학교 1학년은 교과 공부보다 진로 탐색에 집중하는 환경이 만들어집니다. 집중적으로 공부할 환경이 안 되는 겁니다. 그래서 중학교 1학년 시기를 잘 보내야 2~3학년에도 흔들리지 않는 공부 습관을 형성할 수 있습니다. 학교 교육과정에 맞추어 진로 탐색을 열심히 하면서 공부는 공부대로 해야 합니다.

◆ 첫째, 어휘력 쌓는 공부를 하라.

초등학교에 비해 중학교 교과서에는 한자어가 많이 등장합니다. 과목마다 어려운 개념어도 등장하고요. 어휘를 어떻게 공부해야 할까요? 일단 어휘 노트를 만들어야 합니다. 어휘 노트를 만들어 모르는 말이 나올 때마다 노트에 적고 뜻을 정리한 후 기억합니다. 이때 개념어는 따로 정리해 지식으로 습득하고 일반 어휘는 유의어나 반의어도 함께 정리한 후 익혀둡니다.

어휘는 독해의 기본이고 국어 공부의 바탕이 되기 때문에 우선적으로 실력을 쌓아야 합니다. 이때 글을 읽으면서 글 속에 나오는 어휘를 정리하는 식으로 하면 효과적입니다. 그리고 문장 속에서 어휘 뜻을 익히는 감각을 기릅니다. 어휘를 문맥 속에서 파악하는 훈련이 됩니다. 한자어는 우선 사전에 풀이된 그대로의 뜻을 암기해야 합니다.

어휘 암기가 국어 공부에 무슨 도움이 되냐고 반문하실 분이 있겠죠. 국어는 암기 과목이 아니라는 인식을 가지고 계시니까요. 그런데 국어도 반드시 암기할 부분이 있습니다. 글 전개 방식, 서술 특징, 표현 방식, 문학 장르별 특징과 같은 국어 개념 지식, 그리고 바로 어휘입니다. 이 모든 것이 국어 공부의 바탕이 되는 지식입니다. 공부는 암기가 기본이라는 사실을 잘 알고 계시지요?

어떤 어휘를 공부하면 되냐고요? 고등학교로 이어지는 어휘를 공부하는 것이 좋습니다. 고유어, 외래어, 한자어, 한자성어 이 4가지입니다. 그럼 어휘 노트 정리법 예를 보여드리겠습니다.

어휘 뜻은 사전에서 찾아 그대로 쓰면 됩니다. 예문도 사전에 있는 것을 그대로 써도 좋지만 읽는 글의 문장을 옮겨도 좋습니다. 비슷한 말, 반대말은 사전에서 찾아 쓰고 암기합니다.

〈어휘 노트〉

어휘	뜻	예문	비슷한 말	반대말

◆ 둘째, 다양한 영역의 독서를 하라.

특히 고등학교 국어를 염두에 두고 인문, 사회, 과학, 예술, 기술 등의 영역을 골고루 읽고 배경지식을 쌓을 수 있게 합니다. 학년이 올라갈수록 독해 영역이 초등학교에 비해 넓어집니다. 교과서도 전문 분야의 글이 등장합니다. 각 영역의 글이 어려울 수 있기 때문에 중학생을 위한 비문학 필독서를 선택해서 읽으면 도움이 됩니다.

한 가지 팁을 드리면 교과서와 연계된 책을 고르는 게 좋습니다. 학교 공부와 긴밀하게 연결될 수 있기 때문이죠. 그리고 교과서 내용을 더 깊게 이해할 수 있게 됩니다. 이때 독서 노트를 만들어 읽은 내용을 정리하고 생각도 정리하면 더욱 좋습니다. 읽고 쓰는 과정에서 독해력이 길러집니다.

학년이 올라가면 공부하느라 독서 시간이 거의 없습니다. 그러니까 이때가 기회입니다. 이때 교과서와 연계된 독서를 하면 성적 향상에도 도움이 됩니다. 다음에 제시하는 교과서 연계 독서 노트 작성법을 참고하여 자신만의 독서 노트를 만들어가기 바랍니다.

〈교과목과 연계된 독서 노트〉

1. 교과목: 과학
2. 단원 영역: 생물
3. 연계 추천 도서명: 식물 이야기
4. 추천 이유:
   이 책은 과학 시리즈 환경, 지구, 동물, 식물, 우주 총 5권 중의 네 번

째에 해당하는 것으로 과학 상식 습득은 물론 기초 과학 분야에 관심을 갖도록 배려했습니다. 특히 이 책은 학교 교과서 단원과 연계해 내용을 구성했다는 점에서 학교 수업 내용을 이해하거나 학습 내용을 심화시키는데 도움을 주었습니다.

5. 연계 독서 절차
- 교과서 학습 단원 확인 및 읽기
- 교과서 단원 읽은 내용과 개념어 메모하기
- 연계 도서 읽기: 읽은 내용과 개념어 메모하기
- 교과서 단원과 겹치는 내용과 개념어 비교하기
- 비교 내용 정리하기

교과서 단원 정리 내용	연계 도서 정리 내용
• 개념어: • 내용: • 의문점 메모	• 개념어: • 내용:

교과서 연계 독서는 단원 학습 전이나 학습 후에 할 수도 있습니다. 학습 전에 읽으면 흥미를 유발하게 하고, 학습 후에 읽으면 복습에 도움이 됩니다. 수업을 해 본 결과 대다수 학생은 단원 학습 전에 연계 도서 읽기를 선호했습니다.

교과서를 읽으면서 메모했던 의문점을 연계 도서 독서를 통해 해결 가능한지 스스로 찾는 작업도 매우 훌륭합니다. 그렇게 정리한 내용을 비교하면 내용을 자연스럽게 숙지할 수 있습니다. 이때 유의할 점은 개념 지식을 무조건 암기하는 것보다 현상의 원리를 이해하게 유도해야 한다는 점입니다. 원리에 대한 이해 역량이 쌓이면 스스로 의문점을 해결하는 힘이 길러집니다.

교과서 연계 독서가 습관화되면 아이들이 공부와 독서를 하나로 인식하게 됩니다. 실제로 이렇게 공부한 학생이 내신은 물론 수능 성적도 최상위권을 유지합니다. 처음부터 아이가 연계 독서를 잘할 수는 없겠죠. 그래서 부모님이 연계 독서가 습관화될 수 있도록 이끌어주셔야 합니다.

중학교 시기에 교과목 연계 독서가 습관화된 학생들은 고등학교에 올라가서도 지속할 확률이 매우 높습니다. 흔들림 없이 공부를 잘하는 학생들은 공통적으로 이러한 과정을 거칩니다. 그래서 제가 교과목 연계 독서의 힘을 강하게 믿고 있는 것입니다.

중학교 2~3학년

중학교 2~3학년은 본격적으로 교과 성적을 올려야 하는 시기입니다. 이 시기의 국어 공부는 철저하게 교과서 위주로 해야 합니다. 그래야 학교 성적이 잘 나옵니다. 다른 과목도 마찬가지입니다. 2~3학년 학교 성적이 고등학교 입시로 이어지는 경우가 대부분입니다. 그래서 이때 성적을 올리는 데 총력을 기울여야 합니다. 물론 중학교 1학년에 이어 어휘 공부나 교과서와 연계된 독서도 꾸준히 해 나가야 합니다. 그럼 이 시기 국어 공부는 어떻게 해야 할까요?

◆ 첫째, 매시간 교과 수업에 집중하라.

학교 성적을 잘 받으려면 수업 시간에 집중하는 것이 최우선입니다. 중학교 시기부터 내신을 학원이나 사교육에 전적으로 의존하려는 학생이 있는데 이는 바람직한 방법이 아닙니다. 중학교 2~3학년 내신 1등급 받는 학생들의 특징은 학교 수업에 몰입한다는 것입니다. 수업에 집중하게 되면 교과 선생님의 설명을 이해하고 설명 내용을 잘 정리할 수 있는 시간을 갖게 됩니다. 그리고 그것을 시험 공부에 활용해 좋은 성적을 받습니다. 학교 시험은 교과 담당 선생님이 수업 시간에 강조한 설명 위주로 출제되니까요.

중학교 내신을 위해 학원에 갈 필요가 없습니다. 학교 공부 무시하면 절대 성적 안 나옵니다. 물론 학교 공부를 완벽하게 끝내고 더욱 심화된 공부를 목표로 학원에 가는 경우는 예외겠지요. 매 수업 시간 집중이 중학교 내신 국어 1등급 비법입니다. 공부 우등생은 모두 학교 수업에 집중하는 아이들입니다. 주민이가 바로 전형적인 예시입니다.

주민이는 평소에 학원에 잘 다니다가도 시험 기간이 되면 학원에 나오지 않았습니다. 다른 아이들과 정반대죠. 주말 내신 총정리 특강에 딱 한 번 나오더군요. 그리고 국어 100점이라는 결과를 알립니다. 주민이는 시험 한 달 전부터 학원을 끊고 학교 공부에 집중합니다. 수업에 집중함은 물론 각 교과 선생님을 수시로 찾아가 질문을 합니다. 물론 질문 노트를 만들어서 갑니다. 그러다 보니 선생님 설명을 더 깊게 들을 수 있는 기회를 갖게 되고 그것이 주민이 내신 준비에 큰 도움이 된 것입니다. 아주 지혜로운 공부 방법이죠. 학원 시간에 쫓기면 이런 식의 공부는 불가능합니다. 주민이는 바로 이 점을 간파한 것입니다.

◆ 둘째, 복습을 철저히 하라.

성적이 잘 안 나오는 이유는 여러 가지가 있겠지만 복습 시간을 확보하지 못해서 시험 범위조차 제대로 훑어보지 못한 채 시험을 보기 때문입니다. 평소에 복습이 이루어지지 않았다면 문제는 더 심각하겠지요. 공부의 기본을 무시한 결과입니다.

내신 준비는 평소 수업 시간에 학습한 내용을 반복해서 이해하면서 암기하는 식으로 공부해야 합니다. 매 수업 시간 종료 후 그 시간에 배운 내용을 훑어보고, 새로운 수업이 진행되기 전 또 한 번 보고 하는 식으로 반복합니다. 이렇게 반복하면 시험 기간이 다가와도 허둥대지 않고 즐겁게 시험 준비를 할 수 있습니다.

그러려면 오롯이 혼자 공부할 수 있는 시간이 확보되어야합니다. 어설프게 학원으로 달려가면 이런 방식의 공부가 어렵습니다. 도저히 시간이 나지 않습니다.

시험 때만 되면 대치동은 내신 특강으로 북새통을 이룹니다. 그곳에 있는 아이들이 다 내신 1등급 받을까요? 아닙니다. 1등급 받는 아이만 받습니다. 혼자 충분히 공부한 아이들 말입니다. 스스로 공부하는 시간이 더 많이 보장되어야 합니다. 혼자 하는 공부를 두려워하면 평생 의존적으로 공부할 수밖에 없습니다. 철저하게 복습하는 훈련을 통해 혼자 공부하는 힘을 길러야 합니다.

◆ 셋째, 수행평가 과제를 완벽하게 하라.

중학교 2~3학년이 되면 내신 성적에 수행평가가 반영됩니다. 수행평가는 학교마다 다르게 구성하는데 토의/토론, 독서 감상문, 자료 조사, 공연 관람 감상문, 에세이 쓰기, 모둠별 과제 수행, 쪽지 시험 등입니다.

수행평가 성적은 학교마다 다르게 적용하지만, 보통 30~50% 정도 내신 평가에 반영합니다. 수행평가는 지필평가 못지않게 중요합니다. 정성을 들여야 하는 부분입니다. 그리고 학교에서 제시하는 수행평가는 결코 수준이 낮지 않습니다. 제대로만 하면 진짜 깊이 있는 공부가 될 수 있습니다.

선생님들의 수행평가 과제는 다양합니다. 그런데 아이들은 그저 점수를 얻기 위한 절차로만 수행평가를 가볍게 생각하고 대충 해서 냅니다. 간혹 부모님이 대신하거나 학원 도움을 받기도 하더군요. 이것이 문제입니다. 수행평가의 취지에 완벽히 어긋날뿐더러 형식적인 과제 제출로 굳어지게 됩니다.

고3 다영이는 수시 논술로 연세대 사회과학계열에 합격했는데, 학교 수행평가 덕을 백 퍼센트 보았던 아이였습니다. 어떻게 그게 가능했을까요? 다영이는 항상 학교 수행평가를 철저히 했던 학생이었습니다. 그러다 보니 시간이 부족했지요. 학원도 주말에 꼭 필요한 과목만 단기로 잠깐씩 수강했고, 모든 공부를 학교에서 해결했습니다. 다영이와 총 20회 수시 논술 특강을 했는데 다영이 연습 답안 수준은 다른 아이들과 달랐습니다. 청소년의 사고력을 뛰어넘는 깊이가 있었습니다. 고등학교 3년 내내 제출한 수행평가 과제 역시 대학생 리포트 이상으로 아주 높았습니다. 수행평가 과제의 착실한 제출이 다영이 논술 체력을 길러준 것입니다.

수행평가를 공부에 방해가 되는 과제물로 생각하지 않아야 합니다. 수행평가를 잘 활용하면 자기주도적 공부 체력을 기를 수 있는 기회가 됩니다.

예비 고1
국어 공부법

예비 고1 국어 공부는 철저히 수능 국어 공부에 초점을 맞추어야 합니다. 이것이 예비 고1 국어 공부의 대전제입니다. 그래야 수능까지 긴 호흡을 이어갈 수 있습니다. 중학교 졸업 후 약 3개월의 시간은 그야말로 고1을 준비하는 절호의 골든타임입니다.

　예비 고1 과정을 충실하게 보내지 못한 학생들은 고등학교 진학 후 국어 성적이 잘 나오지 않는 경우가 대부분입니다. 특히 수능 국어 성적에서 큰 차이를 보입니다. 이는 수능 기초 체력을 쌓지 못한 것이 원인입니다. 수능 국어의 경우 고1 때 처음 접해 보는 문제이기 때문에 미리 준비하지 않은 학생은 문제 유형이 낯설어 어려울 수밖에 없습니다. 수능 국어 문제는 말하기, 듣기, 읽기. 쓰기, 문법, 문학 등 국어의 전 영역에 걸쳐 다양하게 출제됨은 물론, 지문이 길어져 문제 푸는 시간이 절대적으로 부족하기 때문에 숙달된 학생이 아니면 적용하기 힘듭니다. 중학교 때 해오던 교과서 중심의 단순한 내신 공부만으로는 대응하기 어려운 것이죠. 이런 점에서 예비 고1 기간은 수능 국어 개념 완성에 주력해 공부하는 것이 좋습니다. 그러면 예비 고1 수능 국어는 무엇을 어떻게 공부해야 할까요?

◆ 첫째, 수능 대비용 비문학 글을 읽어라.

이 시기의 독해는 수능 국어 시험에 출제되는 비문학(독서) 제재(인문, 사회, 과학, 예술, 기술 등)의 글을 읽고 정리 요약하는 연습이 좋습니다. 이는 앞에서 말씀드린 중1 독서의 연장선에 있습니다. 중1 시기의 독서가 배경지식 쌓기라면 예비 고1의 독서는 디테일한 독해로 방향 전환합니다. 글을 분석적으로 읽어야 하는 시기가 온 것입니다.

디테일한 독해의 첫 단계로 글을 읽으면서 키워드를 찾고 이를 바탕으로 중심 화제를 찾아봅니다. 중심 화제를 통해 정보가 제시되기 때문에 글 전체의 중심 화제를 찾는 것이 급선무입니다. 그리고 정보에는 겉으로 드러나는 표면 정보와 숨겨진 정보가 있는데, 특히 숨어 있는 정보를 찾는 데 전력투구해야 합니다. 시험 문제 대부분이 추리력을 묻고 있기 때문입니다. 독해 연습을 통해 익숙해져야만 추리가 가능해 집니다. 숨겨진 정보를 찾는 작업에 익숙해지면 독해가 즐거워집니다. 마치 방정식의 답 찾기와 비슷한 기분이 듭니다.

그리고 글이 어떤 방식으로 전개되는지도 파악하며 읽어야 합니다. 설명의 방식이라든지 주장을 어떻게 뒷받침하고 있는지도 파악해야 합니다. 또한 사실과 의견을 구별하거나 문장과 문장, 단락과 단락 간 관계를 파악하며 읽는 것도 중요합니다. 이는 정보 비교 능력을 평가하는 문제 형태로 출제되기 때문입니다. 이렇게 글을 읽어야 문제를 풀 수 있는 힘이 생깁니다. 모두 2부 3장 독해 파트에서 자세히 설명한 내용입니다.

그럼 독해 연습 글은 무엇이 좋을까요? 독해 연습용 글은 고등학교 모의고사 기출문제나 교육방송 교재를 활용하면 좋습니다. 검증된 글이기 때문입니다. 이때 비문학 독해 노트를 만들어 활용하면 좋습니다. 다음은 비문학 독해 노트 예입니다. 내용 파악 위주에 중점을 두고 정리하면 좋습니다.

〈비문학 독해 노트〉

키워드	
중심 화제	
단락 정보	
단락 중심 내용	
주제	
어휘	
내용 전개 방식	
필자 생각 비판	

◆ 둘째, 고교 필독 문학 작품을 읽어라.

고교 필독 도서로 추천된 문학 작품(소설, 시, 수필, 희곡/시나리오)은 수능 국어 시험에 출제된다는 점에서 미리 읽어 두면 고등학교 진학 후에 큰 도움이 됩니다. 특히 소설의 경우 시험에 출제되는 부분은 작품의 일부분이기 때문에 생략되지 않은 전체 원문을 읽으면 어느 부분이 나오더라도 당황하지 않고 문제를 풀 수 있습니다. 수능 문학 문제는 다양한 작품이 출제되기 때문에 많은 작품을 읽을수록 좋습니다.

국어의 신으로 불렸던 혜연이는 시중에 나와 있는 문학 작품집은 거의 다 읽었습니다. 그리고 언제나 1등급을 받았습니다. 필독 도서 읽기는 다다익선일 수밖에 없음을 혜연이가 증명해주었지요.

문학 작품을 읽을 때 해설을 같이 보는 것도 좋습니다. 난해한 작품을 스스로 완벽하게 이해하기란 버거운 일이니 해설의 도움을 받아도 괜찮습니다. 시험 공부의 목적이 있는 읽기라서 허용이 되는 것입니다.

그리고 문학 노트를 만들어 정리하면서 읽으면 큰 도움이 됩니다. 수능 국어 1등급 아이들은 보통 문학 서브 노트를 가지고 있습니다. 복습용으로 활용하더군요. 시험 전 이 노트로 마무리하고 시험장에서도 훑어볼 수 있으므로 이 서브 노트는 아주 중요합니다. 소설, 수필, 시 노트 예를 보여드리겠습니다.

〈소설 독해 노트〉

인물의 성격	
갈등	
사건	
배경	
문체	
구성	
시점	

표현 특징	
주제	
어휘	
내용 요약	

〈수필 독해 노트〉

글쓴이 가치관	
제재	
교훈 요소	
주제	
어휘	

〈시 독해 노트〉

화자	
시어	
소재	
어조	
분위기	
이미지	
비유	
운율	
주제	
스토리텔링	

소설, 수필, 시 노트에 정리되는 항목은 수능 시험에 출제되는 항목이라는 점에서 중요합니다. 초·중학교 시기에 이미 배운 내용이기 때문에 따로 설명은 생략했습니다.

눈으로 하는 공부는 머릿속에 오래 기억되지 않습니다. 늘 읽고, 이해하고, 쓰는 습관이 들어야 합니다. 그것이 공부의 기본입니다.

◆ 셋째, 문법 체계를 잡아라.

예비 고1 시기의 문법은 수능 국어 문법 체계에 맞추어 공부하는 것이 효율적입니다. 이미 초·중학교에서 기초를 닦았기 때문에 그리 낯설지는 않습니다. 그런데 문제는 아이들이 문법을 어려워한다는 사실입니다. 문법이 암기라고 생각하기 때문입니다. 사실 문법도 독해입니다. 문법 문제도 지문을 주고 읽기를 통해 문제를 푸는 식으로 출제되기 때문입니다. 그래서 문법도 독해라는 사실을 인식해야 합니다.

문법은 개념 지식을 익힌 후 실전 적용 연습 문제를 통해 개념을 정확하게 암기하는 방식으로 공부합니다. 이때 문법 노트를 따로 만들어 모르는 개념이 나오면 정리 후 암기하고, 오답 문제에 대한 분석을 통해 점검합니다. 수능 만점자들도 문법 서브 노트를 만들어 수시로 복습하며 개념을 암기했다고 합니다. 문법은 체계를 먼저 잡는 것이 중요합니다. 체계를 잡은 후 문제 연습을 하면 효율이 높아집니다. 그리고 문법은 끊임없이 반복하는 것이 최상의 공부법입니다.

수능 국어 문법에 출제되는 영역은 무엇일까요? 현 고1부터는 '독서와 문법'에서 '언어와 매체' 과목을 통해 문법을 배우게 됩니다. 시험도 언어와 매체 과목을 선택한 학생들이 문법 시험을 보게 됩니다. 문법이 선택 사항이 되었습니다.

〈수능 국어 시험에 출제되는 문법 영역〉

영역	출제 내용
음운론	음운의 개념, 음운의 종류, 음운 체계, 음운 변동
형태론	형태소의 개념, 형태소의 종류
품사론	체언(명사/대명사/수사), 용언(동사/형용사), 수식언(관형사/부사), 관계언(조사), 독립언(감탄사)
단어	단어의 종류(단일어, 복합어, 합성어, 파생어)
문장	문장의 종류(홑문장, 겹문장), 부정문, 피동문, 사동문, 시제, 높임법
담화	구어문(음성), 문어문(문자)
한글 맞춤법	한글 맞춤법 원리
표준어 및 외래어 표기법	표준어 사정 원칙, 외래어 표기 원칙
고전 문법	중세 국어

◆ 넷째, 신문 사설이나 칼럼을 읽어라.

신문 사설이나 칼럼을 읽으면 국어 공부에 어떤 도움이 될까요? 시사 감각과 더불어 배경지식이 쌓입니다. 사회를 보는 시각도 생깁니다. 당대 사회문제에 대한 관심을 통해 사회의 흐름을 인식하게 해줍니다. 그리고 개인과 사회와의 관계도 알게 됩니다. 비판적 사고력도 길러줍니다. 한마디로 독해력 향상에 매우 큰 도움이 됩니다. 또한 구조 분석을 통해 글을 전개하는 방법도 배울 수 있습니다.

수능 국어 문제를 보면 상당히 시사적이라는 것을 알 수 있습니다. 지문으로 선정되는 글이 시대 상황을 반영합니다. 논술 문제는 더욱 그런 경향이 강합니다. 예를 들면, 환경 문제가 심각할 경우 지구온난화와 관련된 글이 지문으로 선정되거나, 전 세계적으로 코로나19가 유행할 때 전염병과 관련된 지문이 등장하는 식입니다.

사설이나 칼럼은 독해에 적절한 분량의 글입니다. 이때 지나치게 정치적인 논조의 사설은 피하고 사회, 문화 현상에 대한 해석 관점이 드러나는 칼럼을 선별해 읽는 것이 효과적입니다. 신문 사설이나 칼럼도 노트에 독해 항목을 만들어 읽으면 독해력 향상에 도움이 됩니다.

〈신문 사설, 칼럼 노트〉

항목	내용
타이틀(표제어)	
키워드	
토픽	
단락 정보	
단락 중심 내용	
글의 구조	
내용 요약	
필자의 주장, 견해	
필자의 관점	
필자의 관점 비판	
어휘	

고등 내신
국어 공부법

고등학교에 가면 국어는 내신과 수능으로 이원화됩니다. 중학교에 비해 복잡하고 어려워집니다. 앞에서 예비 고1 과정을 견고하게 공부해 두는 것이 중요하다고 강조한 이유입니다. 중학교 때 국어를 잘했던 학생이 고등학교 진학 후 무너지는 경우가 꽤 많은데, 이는 예비 고1 과정을 알차게 보내지 못했거나, 중학교 때 잘했으니까 어찌 잘되겠지 하는 안일한 생각에서 비롯된 경우가 많습니다.

중학교 내신과 고등학교 내신의 가장 큰 차이점은 중학교 내신 문제는 교과서 중심으로 출제되는데, 고등학교 국어 문제는 교과서 이외에 수능 국어와 연계된 문제도 출제된다는 점입니다. 이러한 차이를 인식하지 못하고 중학교 때 하던 방식으로 공부하면 기본 70점 정도밖에 성적이 나오지 않습니다. 그래서 일반계 학생은 물론, 자사고나 특목고 학생의 경우 1학년 때 내신 성적이 잘 나오지 않으면 내신을 포기하고 바로 수능으로 집중하는 기이한 현상이 벌어집니다. 내신 성적은 잘 나오는데 수능 점수가 잘 안 나온다거나, 내신 점수는 별론데 수능 국어 점수가 잘 나오는 학생이 있는데, 이 경우에도 양자택일해 어느 한쪽을 포기한 결과입니다.

어찌 보면 고등학교 국어는 점수를 위한 공부가 되는 셈입니다. 이는 대학 입시라는 거대 공룡이 앞을 가로막고 있기 때문이지요. 목적이 있는 학생이라면 여하튼 입시 관문을 통과해야만 합니다.

학교 학습 내용을 평가하는 시험

내신은 말 그대로 학교에서의 학습 내용을 평가하는 시험입니다. 학교 시험은 해당 교과 담당 선생님 간의 합의에 의해 문제가 출제되기 때문에 우선은 교과 선생님의 특성을 잘 파악하고 공부해야 합니다. 구체적인 공부 방법은 다음과 같습니다.

◆ 첫째, 교과서를 완전히 정복하라.

교과서를 완전히 정복해야 한다는 말은 시험 단원 학습 내용을 완벽하게 이해하고 암기해야 한다는 뜻입니다. 시험 단원이 어떤 영역이든 수업 시간에 이루어진 학습 내용을 바탕으로 교과서 내용을 변형 재구성할 정도로 정독해야 합니다. 교과서를 열 번 정도 읽으면 어떤 문제가 출제될 수 있는지 촉이 생깁니다. 스스로 문제 출제자가 될 정도가 되었을 때 교과서를 완전히 정복했다고 할 수 있습니다. 물론 이때 단원 정리 학습활동도 포함됩니다. 특히 고 1~2학년 문제는 학습활동에서 주관식 문제를 출제한다는 점을 주목해주세요.

◆ 둘째, 교과 담당 선생님 설명 내용을 정확히 필기하고 완벽하게 이해한 후 암기하라.

고등학교에서 보통 국어 수업은 선생님의 일방적 설명에 의해 진행됩니다. 수업 단원을 읽으며 분석하는 과정에서 필기가 이루어지는데 이때 선생님이 특별히 강조하는 부분을 별도로 체크해 둡니다. 시험에 출제될 가능성이 높기 때문이죠. 그리고 시험공부할 때 마지막 단계에서 그 부분을 정확하게 반복 암기합니다. 시험공부는 반복입니다. 특별한 요령이 없습니다.

tip. 지피지기 백전불태!
1. 교과 담당 선생님 특성 알기
2. 수업 중 강조 사항 체크하기
3. 시험 임박 정리 시 강조 내용 캐치하기

◆ 셋째, 보충 학습 자료를 정확하게 공부하라.

교과 담당 선생님에 따라 별도로 제시되는 유인물은 시험 출제의 중요한 바탕이 됩니다. 교과 내용을 구조화한 것에서부터 교과서 연계 작품, 별도의 연습 문제 등이 이에 해당합니다. 보통 자사고나 특목고의 경우 연계 작품이 다양하게 제시됩니다.

◆ 넷째, 교과서를 완벽히 정복한 후 시험 단원 관련 복습 문제를 풀어라.

공부는 많이 한 것 같은데 실제 시험에서 성적이 낮게 나오는 경우가 많습니다. 이는 교과서를 완벽히 정복하지 않고 이 문제 저 문제 여기저기서 긁어모아 문제만 많이 풀어 본 학생들에게서 나타나는 현상입니다. 공부의 우선순위가 바뀐 것입니다. 학교에서의 교과 학습 내용은 무시한 채 무조건 학원 내신 특강으로 달려가는 학생도 마찬가지입니다. 학교 현장에서 이런 학생들 사례를 수없이 보았습니다. 이는 절대 현명한 내신 공부 방법이 아닙니다. 우선 교과서를 완벽하게 정복한 후 관련 문제를 풀어야 합니다. 그래야 성적이 잘 나옵니다.

◆ 다섯째, 교과서 내용 중 시험에 나올 만한 부분에 대해 스스로 문제를 만들어라.

나도 출제자라는 생각으로 교과서 내용을 바탕으로 문제를 만들어 보는 과정에서 출제자의 의도나 매력적인 함정을 발견할 수 있는 감각이 생깁니다. '내가 무슨 출제야'가 아니라 '이 글에서는 이런 문제가 나올 만해'라는 자신감을 갖고 스스로 문제를 만들다 보면 차츰 수월해집니다. 스스로 문제를 만들어 보면 출제된 문제를 더 잘 이해할 수 있게 되고 이는 깊이 있는 내신 공부를 가능하게 합니다. 교과서를 자신만의 문제집으로 만드는 것입니다. 실제로 1등급 학생들은 이런 과정을 거칩니다. 아주 현명한 공부 방법입니다.

◆ 여섯째, 주관식 문제를 조건에 맞추어 정확하게 쓰는 연습을 하라.

학교 내신 성적에서 점수를 깎아 먹는 결정적인 요인이 바로 주관식 문제입니다. 객관식 문제 풀이에만 익숙했던 학생들은 주관식 답안 작성이 미흡합니다. 상위권 성적인 학생이 주관식 문제 점수가 낮아서 1등급을 놓친 적이 있었는데, 이유는 출제자의 요구에 벗어난 형태로 답안을 작성했기 때문이었습니다. 예를 들어 3음절의 한 단어로 답을 쓰라는 주문이었는데 세 어절로 답을 써서 점수를 깎인 것이었습니다. 이런 소소한 실수가 한 등급을 가르게 한다는 점에서 주관식 답안 작성에 신중해야 합니다. 그리고 '~을 서술하시오.'나 '~을 설명하시오.'로 끝나는 문제는 단어로 답하지 말고 문장으로 답안을 작성해야 한다는 것도 명심해야 합니다.

고등학교 1학년 정규는 2학기 중간고사 국어에서 98점을 받았는데 아쉬운 그 2점이 바로 주관식 조건을 지키지 않아서 틀린 문제였습니다. '윗글 중심 문장을 첫 어절과 끝 어절로 쓰시오.'라는 문제였는데 정규는 첫 어절만 써서 2점이 깎인 것입니다.

tip. 서술형 점수 따기!

1. 제시문에 힌트가 있다!

2. 모른다고 백지 내지 말자! 뭐라도 쓰면 부분 점수 가능하다.

3. 답안 작성 옵션을 꼭 지키자!!(음절 수, 어절 수 준수)

◆ 일곱째, 지난 연도의 학교 정기 고사 기출문제를 풀어라.

사실 해마다 학년 교과 담당 선생님이 바뀌기 때문에 학교 기출문제를 백 퍼센트 맹신하는 것은 위험합니다만, 시험 범위가 동일하다면 한번 풀어 볼 가치는 있습니다. 공부의 방향을 잡는 데 도움이 되기 때문입니다. 물론 기출문제 연습에 시간을 많이 쓰는 것보다 교과서 정독에 시간을 더 들이는 것이 좋은 점수를 받을 확률이 높습니다.

◆ 여덟째, 수능 연계형 문제 연습을 하라.

학교마다 다르긴 하지만 요즘은 내신 문제도 예전과 다르게 암기 위주의 문제가 아닌 생각하는 문제가 출제됩니다. 즉 수능형의 문제가 일정 비율을 차지하는데 아예 기출 모의고사 문제를 주고 공부하게 한 후 시험에 반영하기도 합니다. 부지런하고 정성이 있는 열정적인 선생님은 교과서 시험 단원에서 수능형 문제를 만들어 출제합니다. 이는 점수 변별력을 주기 위한 일종의 장치이기도 하고 내신과 수능은 별개의 것이 아니라는 인식을 심어주기 위한 의도이기도 합니다. 시험 준비 최종 단계에서 수능형 문제를 연습하는 것도 좋은 성적을 받는 방법입니다.

tip. 예상 문제 연습을 통한 실전 감각 UP!
1. 내신형 문제 연습 - 교과서 중심형 문제!
2. 수능형 문제 연습 - 시험 단원 관련 EBS 문제!
3. 기출 문제 연습 - 질의 응답!

◆ 아홉째, 시험 전날 컨디션 조절을 잘하라.

공부를 열심히 잔뜩 해 놓고 시험 당일 컨디션 난조로 실력 발휘 못하고 시험을 망친 학생을 수없이 보았습니다. 시험 전날 밤새워 공부하지 말고 가능한 12시 전에 자는 게 좋습니다. 좋은 컨디션이 좋은 성적을 내기 때문입니다. 그리고 아침에 일어나 어제 공부한 내용이 하나도 떠오르지 않는다고 아이가 불안해 하면 이렇게 말해 주세요. "시험지 보면 다 생각이 나니까 절대 걱정하지 말자."

내신 성적을 올리는 또 하나의 힌트

내신 시험 문제 출제는 다음의 과정을 거칩니다.

① 시험 범위 및 문항 수, 배점 결정(교과 공동 협의)
② 출제 분담 및 출제(공동 출제)
③ 출제 문제 검토(공동 검토)

문제 검토 시 공동으로 가르치지 않은 문제는 삭제 혹은 수정 보완합니다. 이는 아이들에게 불이익을 주지 않기 위해서입니다. 시험 문제는 이렇게 출제됩니다.

① 지문 구성(교과서 본문 작품 +학습 활동 작품+보충 학습자료 작품)
• 운문의 경우(2~3 작품 복합 구성)-단원의 길잡이+문학사 연계 가능
• 산문의 경우(중요 부분 발췌, 주로 단독 구성)-단원의 길잡이+문

학사 연계 가능

② 문제 유형: 객관식+주관식(단답형+서술형)/내신형+수능형

③ 문제 구성: 단순 물음/(보기)를 통한 물음

④ 문두 유형: 긍정형+부정형(적절한 것은?/적절하지 않은 것은?)

⑤ 선지 구성: 단순 서술/다른 작품(시구, 시조) 인용/ 대화, 반응
내용/한자성어/속담/명언 등

　　학교 선생님들의 문제 출제 기준인 이원목적분류표는 학교에서
과목 담당 선생님들이 해당 시험 단원 학습 내용을 균형 있게 평가
하기 위해 반드시 작성하는 필수 사항입니다. 말하자면 시험 출제
영역 시크릿 노트죠. 그래서 이 분류표를 잘 활용하면 공부 방향과
시험 문제 출제 예측에 도움이 됩니다. 국어 과목 예를 들어보겠습
니다. 다음 분류표를 잘 보면 국어는 암기 항목인 '지식', 글 내용 '이
해', 내용 이해와 개념 지식을 '적용'하는 문항으로 구성합니다. 내신
국어는 특히 지식을 묻는 문제도 무시할 수 없습니다. 개념 지식을
꼭 암기해야 하는 이유입니다.

<문법 객관식 선택형 이원목적분류표 예시>

번호	정답	배점	문항 내용	출제 근거 (쪽수)	행동 영역			난이도		
					지식	이해	적용	상	중	하
1	4	3	언어 예절	126~129		o			o	
2	5	3	인사말	128	o				o	
3	2	3	편지글 형식	130~131	o					o
4	5	3	호칭어	133		o			o	
5	3	3	지칭어	134			o		o	
6	4	3	속담	139	o				o	
7	1	3	단모음 수	226	o					o
8	2	3	발음	226		o			o	
9	3	3	소리의 길이	227		o		o		
10	1	3	발음	228		o			o	
11	2	4	발음	228	o				o	
12	4	4	발음	229		o			o	
13	3	4	발음	230		o			o	
14	5	4	발음	234		o			o	
15	1	4	발음	234		o			o	
16	4	4	발음	235		o			o	
17	1	2	단위어	250	o					o
18	2	2	단위어	250	o				o	
19	5	2	단위어	251			o	o		
20	3	2	어휘	우리말		o			o	
계					7	11	2	2	15	3

05

수능 국어 공부법

수능 문제는 내신과 다른 방향에서 출제됩니다. 출제되는 지문도, 물어보는 방식에서도 차이가 납니다. 수능 문제는 철저하게 기본 개념을 적용하는 방향에서 출제됩니다. 기본 개념이란 고등학교 각 교과목을 구성하는 기본 요소를 의미합니다. 국어의 경우 국어 교과목군인 국어, 문학, 화법과 작문, 독서, 언어와 매체와 같은 교과목과 관련된 기본 지식이나 개념, 원리를 가리킵니다. 이러한 교과목 관련 기본 개념을 바탕으로 만들어진 문제를 해결하는 역량을 평가하는 것이 수능 시험입니다.

수능 국어 출제 방향

수능 국어 문제는 기본 개념 원리를 바탕으로 대학에서 수학 가능한 기본적 역량인 사고력을 평가할 수 있는 문제를 출제합니다. 교육과정평가원이 주관하는 모의평가 출제·검토 및 실전 대수능 출제·검토 팀장으로 참여한 경험이 있기에 수능 국어 출제 방향에 대해서는 완벽하게 파악하고 있습니다. 수능 국어 문제는 다른 과목에 비해 출제 시간이 오래 걸리고 출제자와 검토자 간의 치열한 공방이 오가는 기나긴 전쟁을 통해 완성됩니다. 수능 국어 문제는 다음과 같은 원칙에 따라 출제됩니다.

◆ 첫째, 고등학교 교육과정에 제시된 내용과 학습 수준을 충실히 반영합니다.

수능 국어 문제는 고등학교 교과목 학습 내용을 바탕으로 출제하되 고교 수준을 벗어나는 문제를 출제하지 않는다는 말입니다. 따라서 고등학교 3년의 교육과정을 충실히 이수하면 실전 수능에서 좋은 성적을 낼 수 있습니다.

◆ 둘째, 고등학교에서 공부한 핵심적이고 기본적인 내용 중심으로 출제합니다.

이는 사교육 비용을 줄이고 공교육을 정상화하겠다는 정부의 의지 표현입니다. 이런 점에서 학교 공부를 충실히 하는 학생이 좋은 성적을 받을 수 있습니다.

◆ 셋째, 기출문제 제재 중 문항의 형태를 달리해서 출제할 수 있습니다.

사고력을 평가할 수 있는 좋은 내용의 제재라면 반복해서 출제 대상이 된다는 의미입니다. 따라서 기출문제를 풀어보는 것은 수능 국어 공부의 좋은 방법입니다.

◆ 넷째, 다양한 영역이 출제의 대상이 됩니다.

수능 국어는 화법과 작문, 문법, 문학, 비문학 등의 다섯 영역에 걸쳐 출제되기 때문에 다양한 영역의 제재가 문제 출제의 대상이 됩니다. 이런 점에서 다양한 방면의 독서가 필요합니다.

◆ 다섯째, EBS 교재를 일정 비율 반영합니다.

수능 국어 문제는 EBS 교재 연계율이 문항 수 기준으로 50%입니다. 따라서 한국교육과정평가원이 감수한 EBS 교재를 반드시 풀어보아야 합니다. 특히 문학의 경우 작품이 그대로 혹은 유사하게 출제된다는 점에서 당해 연도 교재 수록 작품을 빠뜨리지 말고 공부해 두어야 합니다.

◆ 여섯째, 당해 연도 두 차례에 걸쳐 시행된 모의평가를 통해 난이도를 조절합니다.

교육청 모의고사가 아닌 교육과정평가원에서 주관하는 두 번의 모의 평가를 통해 그해의 수능 문제 난이도를 조절하므로 모의 평가를 통해 자신의 수준을 체크한 후 부족한 부분을 보완해야 합니다.

수능 국어 영역별 공부법

"수능 국어 1등급 공부의 첫걸음은 문제의 답이 제시문 안에 있다는 전제에서 출발한다."
"수능은 과학이다."

이것은 제가 수능 공부를 처음 시작하는 학생들에게 강조하는 선언입니다. 제시문 안에 답이 있다는 말은 정교한 독해력을 필요로 한다는 뜻입니다. 수능 국어에서 가장 중요한 것은 바로 정확하고 신속한 독해력입니다. 수능 국어 출제 영역 모두 독해입니다. 모든 물음, 선택지 또한 독해입니다. 이 책의 핵심도 바로 독해력 향상을 통해 문제해결력을 강화하는 데 있습니다.

그리고 수능이 과학이라는 말은 수능 문제가 제시문 – 질문 – 선택지가 유기적인 구조로 이루어져 있다는 뜻입니다. 독해 역량을 장착하고 제시문 – 질문 – 선택지 간의 논리적 구조를 파악하는 능력이 키워지는 순간 아이들은 수능 국어의 달인이 됩니다.

그러면 수능 국어 영역별로 무엇을 어떻게 공부해야 할까요? 공부 내용과 방법을 구체적으로 제시해 보겠습니다.

◆ 화법 영역

화법은 중학교의 말하기/듣기 영역에 해당합니다. 고등학교에서는 국어 외에 화법과 작문이라는 독립된 교과를 통해 말하기/듣기를 깊이 있게 학습하게 됩니다. 수능에서 화법은 작문과 연계해 5문항 내외로 출제되는데 사실은 쉬운 독해입니다. 그러나 제한된 시간 안에 문제를 풀어야 하기 때문에 신속 정확하게 풀어 다음 영역을 위해 시간을 절약해 두어야 합니다. 그러면 어떻게 해야 신속 정확하게 문제 푸는 힘을 길러 화법 만점을 받을 수 있을까요?

첫째, 화법 관련 기본 개념을 이해하고 암기하라.

기본 개념 지식은 교과서에 들어 있기 때문에 교과서 내용을 정확하게 암기합니다. 메모 공책을 만들어 중요한 개념을 정리한 후 수시로 복습하면서 문제 풀이에 적용할 수 있게 해야 합니다.

둘째, 일상생활 관련 소재, 경험 내용을 메모하는 습관을 들여라.

화법 문제 제재는 주로 학교나 일상생활 관련 내용이므로 학교에서의 발표나 회의 등과 같은 경험 내용을 틈틈이 메모하고 자신의 생각을 정리하는 과정에서 감각이 길러집니다. 사회적 이슈가 되고 있는 시사 영역을 정리해 두는 것도 좋습니다.

셋째, 담화 유형 각각의 특징을 이해하고 정리해 암기하라.

담화의 유형에는 대화, 대담, 연설, 강연, 강의, 토의, 토론, 발표, 협상 등이 있는데 각각의 특징을 이해한 후 각 담화의 예에 대해 말하기 방식, 발화자의 태도, 중심 화제, 화자와 청자의 관계 등에 초점을 맞추어 읽는 연습을 합니다.

넷째, 실전 문제 연습을 통해 문제 해결력을 길러라.

기출문제나 교육방송 교재를 통해 실전 감각을 키웁니다. 오답 노트를 만들어 틀린 문제를 자가진단하면서 스스로 감각을 키워야 합니다. 꾸준히 문제를 풀고 꾸준히 오답 노트를 관리하는 것이 중요합니다.

◆ 작문 영역

작문은 중학교의 쓰기 영역에 해당합니다. 고등학교에서는 화법과 작문이라는 교과를 통해 심화 학습하게 됩니다. 수능 시험에서 작문은 화법과 연계해 5문항 내외로 출제됩니다. 주로 글쓰기 과정과 연계되는데 특정 주제에 대한 자료 활용이 중점적으로 출제됩니다. 개념 지식을 바탕으로 적용하는 문제 형태가 주를 이룹니다. 작문도 화법과 마찬가지로 신속 정확하게 풀어야 합니다. 그러면 어떻게 해야 작문 만점을 받을 수 있을까요?

첫째, 작문 관련 기본 개념을 이해하고 암기하라.

기본 개념 지식은 화법과 마찬가지로 교과서 학습을 통해 이루어집니다. 평소 수업 시간에 수업 내용을 메모하면서 틈틈이 개념 지식 내용을 암기합니다. 특히 글쓰기 계획과 절차를 정확하게 암기해야 합니다. 화법과 마찬가지로 개념 노트를 만들어 정리, 암기 후 문제를 통해 적용하는 연습을 꾸준히 해야 합니다.

둘째, 일상에서 접할 수 있는 내용이나 시사적인 글을 읽고 정리하는 습관을 들여라.

작문 문제도 화법과 유사하게 일상적인 삶과 관련된 주제를 설정해 글쓰기 개념을 적용하는 방향에서 문제가 출제됩니다. 특히 사회적으로 이슈가 되고 있는 내용을 메모하고 생각을 정리하는 과정에서 작문 문제 해결 역량이 길러집니다. 작문도 독해이기 때문입니다.

셋째, 글의 유형적 특징을 이해하라.

수능에 출제되는 글은 주로 설명하는 글이나 주장이나 견해가 드러나는 논설적인 글이 주가 되는데 이러한 글의 특징을 숙지하고 내용을 전개하는 방식을 정확하게 학습해야 합니다. 특히 설명의 방식, 주장이나 견해를 드러내는 방식에 주목하면서 읽는 습관을 들여야 합니다.

넷째, 다양한 실전 문제 연습을 통해 문제 해결력을 키워라.

화법과 마찬가지로 기출문제나 교육방송 교재를 통해 실전 감각을 키웁니다. 실제 수능에서는 화법과 작문이 통합된 문제가 출제되기 때문에 화법의 개념 원리와 연계해 출제되는 문항 구조를 정확하게 파악해야 합니다. 그리고 문제를 풀고 틀린 문제에 대한 오답 노트를 만들어 스스로 문제를 극복하는 노력을 기울여야 합니다. 특히 수능 직문 문제는 쓰기 계획과 주제를 구체화하는 사료 활용 역량인 쓰기 전략 평가에 중점을 두기 때문에 이 점에 신경 써서 공부해야 합니다.

화법과 작문은 표현 영역에 해당한다는 점에서 실제 수능 국어 문제도 두 영역을 통합하는 경향으로 출제됩니다. 즉 화법 제시문을 활용해 작문 문제를 출제하는 식입니다. 이런 점을 고려해 화법과 작문은 통합적으로 공부하는 것이 좋습니다. 기초 지식을 바탕으로 문제를 반복적으로 꾸준히 풀어야 감각이 생기기 때문에 화법과 작문은 쉬운 독해지만 결코 소홀히 할 수 없는 영역입니다.

◆ 문법(언어) 영역

수능 국어에서 문법 문제는 언어와 매체 과목을 바탕으로 출제됩니다. 문법은 대부분의 학생이 어려워하는 영역입니다. 공부해야 할 분량이 많고 다른 영역에 비해 재미없다는 선입견 때문입니다. 그런데 다른 영역에 비해 답이 딱 떨어지기 때문에 상쾌함을 맛볼 수 있습니다.

"선생님, 문법이 걱정이에요. 아무리 공부해도 모르는 게 계속 나와요. 어떻게 하면 좋죠?

"그동안 문법 공부 어떻게 했는데?"

"그냥 문제만 많이 풀었어요."

"너 혹시 수능 국어 만점자 문법 노트 본 적 있니?"

"네? 아니요."

문법 고민에 빠졌던 준기와의 대화 내용입니다. 준기의 결정적인 문제는 문법을 체계적으로 공부하지 않았다는 점입니다. 문법은 다른 영역과 다르게 처음부터 체계를 잡지 않으면 계속 찜찜한 상태에서 모르는 것에 쫓겨 다니다 지쳐 포기하게 됩니다. 많은 학생이 이렇게 헤매다 포기합니다. 특히 수능 국어 문법은 고전 문법도 포함되어 있어 더욱 어렵게 느껴집니다. 그리고 지문을 통해 문제가 제시되기 때문에 시간도 많이 걸립니다. 준기가 문제만 풀었다는 것은 문법 체계를 잡지 않았다는 것입니다. 상담 이후 준기는 겨울 방학 문법 특강을 통해 문법 체계를 잡았고 문법에 자신감을 갖게 되었습니다.

수능 만점자에게는 자신만의 문법 개념 노트가 있습니다. 문법 만점을 위해 어떻게 공부해야 할까요?

첫째, 문법 개념을 체계적으로 공부하라.

문법은 중학교 1학년 자유학기제 기간에 체계를 잡고 예비 고1 시기에 반복해서 체계를 익히는 것이 제일 좋은 공부 방법입니다. 두 시기에 체계를 잡은 학생은 고등학교에 올라와 느긋하게 문제만 반복해서 풀어도 문법 만점을 받을 수 있습니다. 이는 제가 가르친 학생들을 통해 검증한 사실입니다. 문법 개념 체계 공부 내용은 위에서 제시한 것을 참고하세요.

둘째, 문제를 통해 개념을 적용하는 연습하라.

기출문제나 교육방송 교재를 통해 문제를 풀면서 개념을 암기하고 적용하는 연습을 합니다. 문법 문제는 5문항밖에 안 되지만 한 문항 당 연계된 문법 개념 지식이 보통 5개 이상이기 때문에 반드시 오답 노트를 만들어 틀린 문제 분석 내용을 쓰고 관련된 문법 개념을 함께 정리 암기하는 것이 좋습니다. 문법 개념 지식이 머릿속에 완벽하게 습득되면 문법 문제 푸는 속도가 빨라집니다.

◆ 독서(비문학) 영역

수능 국어에서 독서는 비문학 영역에 해당합니다. 수많은 학생이 이 독서 영역에서 고전하고 있습니다. 비문학에서 어려움을 겪는 이유는 여러 가지가 있지만 제가 그동안 학생들을 가르치면서 경험한 바로는 첫째, 시간 부족, 둘째, 지문 이해력 부족입니다.

수능 국어에 출제되는 비문학은 모두 17문항입니다. 각 문항 당 지문 읽는 시간 포함 2분 이내에 풀어야 다른 영역 문제를 푸는데 큰 지장이 없게 됩니다. 산술적으로 계산해 보면 시간 부족 현상이 일어나지 않을 것 같지만 실제로 문제를 푸는 학생들은 시간 부족을 호소합니다. 시간 부족은 결국 지문 독해에 있습니다. 수능 지문은 출제 거리가 많은 내용의 글을 주로 선정하는데, 출제 거리가 많다는 것은 곧 정보 내용이 많다는 것을 의미합니다. 아울러 선정되는 지문의 영역이 광범위하고 출제되는 모든 지문은 학생들이 처음 보는 글이어서 내용 자체를 이해하는데 더욱 많은 시간이 소요됩니다. 결국 수능 비문학은 시간과 독해력 싸움입니다. 따라서 독해력을 탄탄하게 장착해 시간을 줄이면 비문학 만점을 맞을 수 있습니다. 독해력 향상 방법은 2부에 상세하게 제시되어 있습니다. 그러면 비문학은 어떻게 공부해야 할까요?

첫째, 비문학 평가 요소를 숙지하라.

비문학 문제는 수능 개관에서 제시한 대로 사실적, 추론적, 비판적 이해 역량과 창의적 문제 해결 역량을 평가하는 문제, 어휘 문제를 출제합니다.

사실적 이해는 표면 정보 내용과 글을 전개하는 방식을 파악하는 문제로 출제됩니다. 추론적 이해는 숨어 있는 정보, 생략되거나 앞으로 이어질 내용을 파악하는 형태로 출제되며 비판적 이해는 제시된 정보 내용에 대한 긍정적, 부정적 평가 형태로 출제됩니다. 창의적 문제 해결 역량은 새로운 '보기' 정보를 제시하고 제시한 지문과 정보 비교를 통해 새로운 문제를 해결하는 형태로 출제됩니다. 어휘는 전체 문맥과 해당 어휘가 있는 문장과의 연계 속에서 찾게 하는 형태로 출제됩니다. 비문학 평가 요소 공부는 수능 비문학 개념서나 교육방송 교재 이론 부분을 통해 학습할 수 있습니다.

둘째, 비문학에 선정되는 지문의 내용 전개 패턴을 숙지하라.

지문 내용 전개 패턴 특징을 익히게 되면 내용 전개 방식을 묻는 문제 해결이 가능하고 지문의 흐름을 한눈에 장악해 지문 읽는 속도가 빨라집니다. 내용 전개 패턴에는 중심 화제에 대한 물음에 답하는 방식으로 내용이 전개되는 문답식 전개, 특정 개념에 대한 상이한 견해를 제시하는 개념 비교식 전개, 특정 개념을 시대의 흐름에 따라 선개하는 통시석 전개, 복잡한 작동 원리를 절차에 따라 제시하는 과정식 전개 등이 있습니다. 이 영역의 공부는 교과서 독서와 문법 공부를 통해 가능합니다.

셋째, 비문학 독해의 기본 원리를 학습하라.

우선 교과 학습 시간에 집중해 독해 원리를 학습합니다. 특히 이 부분은 2부 독해 파트를 통해 자세하게 살펴볼 수 있습니다.

넷째, 어휘를 꾸준히 익힙니다.

어휘 공책을 만들어 고유어, 한자어, 한자성어 관용구 등을 꼼꼼하게 정리한 후 꾸준히 반복해서 암기합니다. 교과목 수업 중이나 독서 중에 등장하는 어휘를 정리하는 식으로 하면 오래 지속할 수 있습니다.

다섯째, 문제 연습을 통해 실전 감각을 키워라.

기출문제나 교육방송 교재를 통해 문제를 풀면서 감각을 익힙니다. 중요한 것은 매일 최소 한 세트씩이라도 문제 연습을 하는 것이 중요합니다. 꾸준한 공부가 중요합니다. 그래야 감각이 유지되니까요.

여섯째, 틈틈이 배경지식을 위한 독서를 하라.

수능 국어 1등급인 학생들은 인문, 사회, 과학, 예술, 기술 등 다방면의 독서를 꾸준히 합니다. 한 권의 책을 모두 읽을 시간이 없다면 토막글이라도 자신이 취약하다고 생각되는 영역 읽기를 권합니다. 독서를 통해 배경지식이 쌓이고 지문 독해력이 길러지기 때문입니다. 독서는 시간의 문제가 아니라 의지의 문제입니다.

◆ 문학 영역

문학은 비문학에 비해 동일한 작품이 중복되어 출제됩니다. 대표 작가의 대표 작품이나 2, 3순위에 있는 작품이 지문으로 선정됩니다. 이때 학생들에게 교훈을 줄 수 있는 긍정적 내용의 작품이 우선 출제 후보작에 오릅니다. 문학은 각 장르의 구성 요소 개념 지식을 바탕으로 제시된 작품 내용을 이해하는 문제 위주로 출제된다는 점에서 작품 감상의 기본 원리 학습이 선행되어야 좋은 점수를 받을 수 있습니다. 또한 작품을 폭넓게 접해 보는 것이 중요합니다. 교과서에 제시된 문학 작품 감상 원리를 숙지하고 작품을 정교하게 해석하는 학습을 해야 합니다. 그리고 고교 필독 문학 작품을 정독하면 자연스럽게 시험에 대비할 수 있습니다. 어떻게 하면 문학 만점을 맞을 수 있을까요?

첫째, 장르별 개념 지식을 정확하게 암기하라.

소설, 시, 수필, 희곡과 시나리오 각 장르별 개념 지식을 정확하게 학습해야 하는 이유는 문학 문제 출제는 장르 개념을 바탕으로 출제되기 때문입니다. 개념 지식은 초·중학교 시기 국어 교과서에서 학습한 내용인데 고등학교에서는 문학이라는 독립된 교과 속에서 심화 학습하게 됩니다. 따라서 장르별 개념 지식은 학교 교과목 수업 시간을 통해 학습할 수 있습니다. 더불어 교육방송 교재를 통해 문학 장르별 개념 지식을 숙지할 수 있습니다.

둘째, 갈래별 감상 원리를 학습하라.

소설과 극 장르의 경우 장면 단위로 작품을 읽으면서 인물과 사건의 흐름을 정리하고 전체 줄거리를 요약합니다. 인물의 성격 및 제시 방법, 인물 간의 관계, 사건 전개 과정에 드러나는 주제 관련 정보 등이 소설과 극의 중요한 출제 요소라는 점에서 감상의 중요 요소를 정확하게 학습하는 것이 중요합니다. 시의 경우 제목을 중심으로 전개될 내용을 추리한 후 작품을 일독하면서 시적 상황을 먼저 밝혀냅니다. 각 연별 내용을 정리하고 각 연에 드러나는 수사적 표현을 파악합니다. 시 감상에서 중요한 것은 함축된 의미를 파악하는 일입니다. 시는 소설과 달리 의도하는 바를 숨겨서 압축적으로 드러내기 때문입니다. 수필의 경우 제목을 염두에 두고 정독합니다. 수필은 작품 속에 내재된 필자의 가치관이나 인생관, 개성적인 특성을 밝히면서 작품이 주는 교훈적 요소를 파악합니다. 이것이 시험 문제 출제 항목이니까요.

셋째, 문제 출제 유형을 학습하라.

기출문제 분석을 통해 빈번히 출제되는 문제 유형을 숙지합니다. 문학 문제는 크게 장르별 개념 지식을 적용해 제시된 작품 내용과 표현 방식을 파악하는 역량 평가 문제가 주된 유형입니다. 즉 작품의 종합적 감상, 작품의 공통점과 차이점을 내용과 표현 방식과 연계해 출제합니다. 문제 출제 유형과 관련된 구체적 요소는 앞에서 제시한 문학 작품 정리 내용 부분을 참고하시기 바랍니다. 문제 출제 유형을 알면 문학 작품 감상의 방향이 잡힙니다.

넷째, 실전 문제 연습을 통해 감각을 키워라.

기출문제나 교육방송 교재를 통해 문제를 연습하면서 각 장르별 개념 지식을 적용하는 힘을 키웁니다. 개념을 정확하게 숙지한 후 제시된 작품에 적용하는 연습 과정에서 문제 해결 힘이 길러집니다.

다섯째, 원문을 읽고 전체 내용을 요약 정리하라.

소설의 경우 같은 작품은 또 나올 수 있지만, 한 작품의 동일한 부분은 출제되지 않습니다. 그리고 교과서 연계 문제도 동일한 작가의 작품일 경우 다른 부분을 인용하기 때문에 작품 원문을 읽어 두면 시간 절약에 큰 도움이 됩니다. 고교 필독 문학 작품(현대, 고전)을 틈틈이 읽기를 권합니다.

여섯째, 문학사 체계를 잡은 후 작품을 읽어라.

문법과 유사하게 문학도 체계를 잡은 후 공부하면 무엇을 읽어야 할지에 대한 감이 잡힙니다. 고대가요부터 신라의 향가, 고려 속요, 고려·조선의 시조, 경기체가와 한시, 조선의 악장, 가사문학, 훈민정음 창제 후의 언해 문학, 판소리계 소설의 형성 배경, 신소설 및 창가, 민요 등과 관련된 문학사적 이론을 학습한 후 각 시기별 출제 가능한 작품을 공부하면 효과적입니다. 특히 고전 작품은 내용 해석을 통한 이해를 우선으로 해야 합니다. 한눈에 파악하기 힘든 작품 내용을 미리 알고 있으면 문제 푸는 시간을 절약할 수 있습니다.

수능 국어 문제는 정해진 교과목(국어, 문학, 독서, 언어와 매체, 화법과 작문)을 바탕으로 각 교과의 기본 개념과 원리를 연계해 독해력과 문제 해결 역량을 평가하는 고등 수준의 시험입니다. 고교 3년 과정을 성실히 수행하면 누구나 1등급을 받을 수 있습니다. 대충이 아닌 견고한 공부만 된다면 가능한 일입니다.

수능 국어 성적 끌어올리는
수준별 공부법

수능 국어 성적은 전략을 갖고 지속적으로 해야 오릅니다. 수능 국어 성적은 공부량에 비례합니다. 만만하게 보아서는 절대 안 됩니다. 영어, 수학이 최상위권인 학생들도 국어 성적이 안 나와 고생하는 경우가 있습니다. 앞에서도 언급했듯이 국어를 3순위에 놓은 결과 국어에 발목 잡혀 재수를 해야 했던 뼈아픈 경험을 한 학생들이 의외로 꽤 있습니다.

수능 국어 최상위권부터 최하위까지 수준 차이가 나는 것에는 각각의 납득할 만한 이유가 있습니다. 최상위권 학생은 예비 고1 시기에 이미 탄탄한 수능 국어 기초를 닦은 후 많은 문제 연습을 통해 내공을 쌓았습니다. 5등급 이하 중하위권 학생들은 이러한 과정을 거치지도 않았을 뿐더러 약점을 보완하기 위해 꾸준한 공을 들이지 않았습니다. 하지만 하위권 아이들도 노력하면 얼마든지 상위권이 될 수 있습니다. 어떻게 하면 수능 국어 성적을 끌어올릴 수 있을까요?

하위권을 중위권으로 끌어올리는 공부법

고등학교 1학년 명준이는 수능 모의고사 3월, 11월 성적이 40점대, 6등급 하위권이었습니다. 보통 하위권 학생들은 수능에 대한 개념이 없는 경우가 대부분입니다. 문제를 푸는 전략도 당연히 없습니다. 1학년 겨울 방학에 만난 명준이에게 우선 수능의 개념부터 이해시켰습니다. 수능 시험에서 평가하는 요소가 무엇인지, 수능 문제는 어떻게 출제되는지에 대해 이야기했습니다. 수능 시험에서 평가하는 요소는 사실적, 추리·상상적, 창의적, 비판적 능력입니다. 즉 정보를 찾고, 숨겨진 내용을 추리하고, 그것을 바탕으로 문제 상황에 적용하고, 필자의 주장이나 견해가 옳은지 그른지에 대한 평가 능력을 보는 것이지요.

그리고 수능 문제 출제 원리인 개념·적용에 대해서 설명했습니다. 개념 학습의 중요성을 강조하면서 공부를 시작했습니다. 그런데 수능 개념이 무엇일까요? 글의 종류별 개념 지식을 말합니다. 독해 원리를 포함해서 명준이와 3개월 개념 완성에 집중했습니다. 그 결과 2학년 3월 교육청 모의고사에서 70점대, 3등급에 진입했습니다. 큰 도약이었지요.

아이들에게 개념 학습만 제대로 시켜도 성적이 확 오릅니다. 그럴 시간이 어디 있냐고 반문하실지 모릅니다. 그러나 바쁠수록 돌아가는 것이 좋습니다. 오히려 그게 빠릅니다. 개념 없이 공부만 하면 성적은 오르지 않습니다. 하위권 아이들은 개념 원리 학습이 우선입니다.

하위권 학생들의 공통된 특징은 시간 부족, 독해 역량 부족, 적은 공부량입니다. 시간 부족의 가장 큰 요인은 지문 이해 수준이 낮은 데서 옵니다. 이 학생들은 사실 교과서 내용도 어려워합니다. 독해가 어려운 것은 근본적으로 어휘력에 문제가 있는 겁니다. 수능에 단골로 나오는 어휘집을 통해 매일 일정량의 어휘를 암기하거나 교과서에 나오는 어휘를 익혀야 합니다. 앞의 독해 노트에서 제시한 방법으로 꾸준히 정리하며 어휘를 익혀야 합니다.

또한 초등학교나 중학교 교과서를 정독해 보는 것도 좋은 방법입니다. 고등학교 교과서나 수능 지문보다 쉽기 때문에 자신감을 가질 수 있습니다. 쉬운 지문으로 연습하면 읽는 시간도 단축할 수 있게 됩니다. 독해의 기초 체력이 쌓이는 것이지요.

아울러 앞에서 제시한 화법, 작문, 문법, 비문학, 문학의 공부 방법을 참고해 기본 개념 지식을 쌓아야 합니다. 중요한 것은 '난 원래 국어를 못해'가 아니라 '내가 그동안 기초 공부를 안 해서 성적이 안 나온 거구나'라는 인식의 전환입니다. 생각이 바뀌어야 학습 동기가 부여됩니다. 학습 동기가 유발되는 순간이 공부가 시작되는 출발점입니다. 그리고 반드시 자신만의 학습 노트(어휘, 독해, 오답 분석)를 만들어 학습량이 쌓여지는 모습을 눈으로 직접 확인하면 공부가 재밌어집니다. 하위권에서 중위권으로의 도약 거리는 딱 한 걸음입니다.

중위권을 상위권으로 끌어올리는 공부법

중위권에서 상위권으로의 도약은 하위권에서 중위권으로 올라가는 것보다 어렵습니다. 하위권 학생들은 공부 개념과 공부 방법을 몰랐기 때문에 성적이 안 나왔던 것입니다. 공부량도 절대적으로 적었고요. 이 두 가지만 극복하면 성적을 올리는 일은 중위권 아이들보다 오히려 쉽습니다.

그런데 중위권 학생들은 나름 공부 욕심도 있고 공부량도 어느 정도 되는데 상위권으로 도약을 못하고 있는 겁니다. 왜 그럴까요? 학생의 성향이 중요한 요인으로 작용합니다. 자신만의 공부 틀에 갇혀 맴돌고 있는 학생은 새로운 공부 방법을 쉽게 받아들이지 않습니다. 자신의 문제를 성찰해 고치려 하지 않는 겁니다. 그래서 새로운 공부 방법을 가르쳐 줘도 적용하지 않고 자신의 방법만을 고수합니다. 혹은 새로운 공부 방법과 자신만의 공부 방법 사이에서 갈등하기도 합니다. 오히려 혼란에 빠져 점수가 더 안 나올 수도 있습니다. 상철이가 이런 경우였죠.

상철이는 수능 국어 80점대, 2~3등급의 전형적인 중위권 학생이었습니다. 고등학교 1학년 성적도 그랬고 2학년 3월 모의고사까지 변함없이 중위권 2~3등급이었습니다. 3월 모의고사 직후 우선적으로 한 작업은 자신의 단점 성찰이었습니다. 스스로 국어 공부법의 문제점을 낱낱이 열거하고 고쳐야 할 부분을 먼저 제거했습니다. 그동안 상철이가 고수했던 잘못된 공부 틀은 무엇이었을까요?

상철이의 독해력은 나쁘지 않았습니다. 그런데 상철이는 지문을 눈으로만 읽고 바로 답을 찾으러 가는 습관을 갖고 있었습니다. 그래서 정보 착오로 오답을 낸 것입니다. 지문을 구조적으로 읽는 작업이 미흡했던 것입니다. 지문을 시각화시켜 정보를 오래 기억하도록 훈련하는 일이 급선무였습니다. 눈으로 하는 공부는 지속성과 정확성이 떨어집니다.

상철이의 두 번째 문제는 지문, 문제, 선택지 간의 삼각관계를 정교하게 보지 않고 대충 감각으로 답을 찾으려 한다는 것이었습니다. 문제의 구조를 파악하지 않고 바로 답을 찾으려다 실수를 하게 된 겁니다. 이 두 가지 문제점 극복을 위해 노력한 결과 11월 모의고사에서 90점대, 첫 1등급으로 진입했습니다. 거의 6개월에 걸친 대장정이었습니다. 상철이는 자신감이 급상승하여 여유롭게 수능을 준비하고 있습니다.

중위권 학생들이 상위권으로의 도약 직전에 자꾸 미끄럼을 타는 이유는 수능 시험에 대한 구조적 이해가 결여된 상태에서 자신의 스타일대로 공부했기 때문입니다. 또한 시험에 대한 전략 없이 문제를 풀기 때문이기도 합니다. 앞에서 제가 선언했듯이 수능 시험은 과학입니다. 제시문과 문제, 선택지가 정교하게 연결되어 있습니다. 중위권 학생들은 이러한 수능 문제의 긴밀한 연결 고리를 인식하지 못하고 문제를 풀고 틀린 이유를 자신의 실력 부족 탓으로 돌립니다. 제시문 안에 문제의 힌트가 있고 선택지는 철저하게 제시된 지문 안에서 가져와 구성한다는 논리적 연결 관계를 인식하는 순간 오답을 줄여 상위권으로 도약할 수 있습니다.

중위권 학생들은 성실한 공부 자세가 어느 정도 갖추어져 있고 상위권 도약으로의 목적 의식도 있기 때문에 얼마든지 성공할 수 있습니다. 또한 자신만의 문제 해결 전략을 세우면 더 빨리 상위권으로 갈 수 있습니다.

중위권 학생을 위한 전략은 시간 배분, 영역별 풀이 순서 정하기, 지문이 잘 읽히지 않을 때의 대처 방안 미리 구상하기입니다. 수능 국어는 1교시이므로 아직 뇌가 활성화되기 전의 긴장된 상태로 시작하기 때문에 지문이 머리에 쏙쏙 들어오지 않을 수 있습니다. 이때는 만만한 문제를 먼저 푸는 것도 방법입니다. 안 풀리는 문제를 붙잡고 끙끙거리다 시간을 허비하는 일이 없도록 해야 합니다. 풀 자신이 없는 문제는 전략적으로 순서를 바꾸는 것도 좋은 방법입니다.

한 가지 덧붙인다면 출제 영역과 출제 비율을 정확하게 알고 자신의 약한 부분을 체크해 극복하기 위한 노력을 하면 더욱 완벽해질 것입니다. 중위권에서 상위권으로의 도약은 영역별로 한 문제만 더 맞히면 가능합니다. 자신의 능력을 의심하지 말고 효율적인 공부 자세와 문제 해결 전략을 장착하세요. 고지가 바로 눈앞에 있습니다.

최상위권의 성적 유지 공부법

최상위권 학생은 소소한 실수로 실전 시험에서 낭패를 보는 경우가 종종 있습니다. 자신감에 차서 '이 정도면 됐지' 하는 마음이 들면 느슨해집니다. 실전 감각이 떨어져 1등급을 놓치는 경우도 생깁니다. 최상위권 학생들은 한 문제, 1점으로 입시 성패가 갈립니다. 끝까지 긴장해야 합니다. 고3 6월, 9월 모의 평가에서 1등급을 기록했던 다정이가 그런 경우였습니다.

다정이는 3월 교육청 모의고사 때부터 모의 평가까지 계속 1등급 유지한 학생이었는데 실전에서 점수가 하락했습니다. 수능 2주 전 국어를 놓았기 때문이었습니다. 자신만만했으니까요. 그 시간을 수학에 더 투자했다고 합니다. 최상위권 학생들은 특히 컨디션 조절 실패로 실력을 발휘하지 못한 경우도 있습니다.

"어떻게 된 거야? 3등급이라니? 항상 1등급이었잖아."

"글쎄요, 선생님. 저도 모르겠어요. 안 틀리던 문제도 틀리고 미쳤나 봐요."

"솔직히 말해 봐. 무슨 일 있었던 거지?"

"실은 지난주 내내 게임만 했어요. 근데 선생님 걱정하지 마세요. 곧 돌아올 거예요."

고3 내내 모의고사에서 1등급을 유지하던 성호와 나눈 대화 내용입니다. 성호는 고3 마지막 모의고사에서 3등급을 맞아 저를 놀라게 했습니다. 늘 1등급이었던 성호에게 무슨 일이 일어난 걸까요? 바로 일주일간의 일탈이 원인이었습니다. 최상위권 학생들에게 일주일은 그야말로 황금 시간입니다. 실전에서 최상위 성적을 내기 위해 조심 또 조심해도 모자랄 시기입니다.

최상위권 학생들은 끝날 때까지 끝난 것이 아니라는 생각으로 결승선까지 가야 합니다. 또한 순간적으로 자신의 지식과 상식으로 답을 찾으려 성급하게 덤벼들지 말아야 합니다. 지문 안에서 답을 찾아야 합니다. 그런데 가끔 최상위권 학생은 자신의 배경지식을 동원해 빠르게 답을 찾으려 합니다. 이것이 오답을 답으로 착각하게 만듭니다.

마지막으로 자신이 특히 약하다고 생각되는 부분을 보완하는 공부를 끝까지 해야 합니다. 성호는 최종 수능 시험에서 수능 국어 1등급 받고 원하던 의대에 합격했습니다. 마지막까지 집중한 결과였습니다. 시험은 끝까지 감각을 유지하는 것이 중요합니다. 마지막에 삐끗하면 공든 탑이 무너집니다.

Q. 수능 국어 선택 과목은 무엇을
선택하는 게 유리할까요?

A. 바뀐 수능 첫해인 2022년 수능에서 선택 과목은 수험생들에게 무척 민감하게 작용했습니다. 다시 한번 말씀드리면 바뀐 수능 국어 문제는 공통과목(문학, 독서)과 선택 과목(화법과 작문/언어와 매체)으로 구성되어 있습니다. 그런데 공부 좀 하는 학생들도 이 선택 과목에서 시간을 많이 써서 공통과목인 독서와 문학 문제 푸는 시간이 모자라는 사태까지 벌어졌습니다. 선택 과목이 1등급을 갈랐다고 해도 과언이 아닐 정도였습니다. 수능 국어 1등급은 결국 시간 싸움입니다.

성적이 우수한 학생들은 주로 언어와 매체를 선택합니다. 여기에서 언어는 문법인데 보통 5~6문항 정도 출제됩니다. 문법을 좋아하거나 잘하는 학생들은 문법 문제를 아주 빨리 풉니다. 그리고 매체는 비교적 쉬운 독해에 속하므로 독해력이 탄탄한 학생들은 이 문제도 빨리 풀어냅니다. 언어와 매체를 선택한 학생들은 선택 과목을 빨리 풀고 남은 문제를 독서나 문학 문제에 할애합니다. 만일 독해력이 상당하고 문법 실력이 갖추어진 학생이라면 언어와 매체를 선택하는 것이 유리하다고 말씀드릴 수 있습니다.

화법과 작문은 언어와 매체보다 제시문이 많고 자료도 다양하게 주어져서 학생들이 부담을 많이 갖는 게 사실입니다. 그래서 상당한 양의 연습이 필요합니다. 정교한 독해력 또한 갖춰야 합니다. 만일 문법이 어렵게 느껴져 학습이 제대로 이루어지지 않는 학생들은 화법과 작문을 선택하는 것도 방법입니다. 그런데 쉬운 독해라고 자만하여 평소 연습하지 않으면 점수가 잘 나오지 않는 과목입니다. 이 점을 고려해 공부해야 합니다. 선택 과목에 대한 공부법은 본문 내용을 참고하시기 바랍니다.

Q. 사설 모의고사는 반드시
풀어야 하나요?

A. 수능 국어 출제 위원들이 참고하는 것은 교육 과정에 편성된 교과서인 국어, 문학, 독서, 언어와 매체, 화법과 작문 그리고 기출문제, 교육과정평가원 모의고사(6월, 9월), 교육 방송 연계 교재(수능 특강, 수능 완성)입니다. 그래서 일단 출제 위원들이 참고하는 자료 중심으로 시험 준비를 하는 것이 가장 좋은 방법입니다. 사설 모의고사는 말 그대로 사설 교육 기관에서 출제하는 모의고사 문제입니다. 그래서 사설 교육 기관마다의 특징이 있습니다. 어렵게 출제하는 기관도 있고 평이하게 출제하는 기관도 있습니다. 그런데 중요한 것은 사설 모의고사 문제를 반드시 풀어야 1등급을 받는 것은 아니라는 점입니다. 오히려 독이 될 수도 있습니다. 어려운 문제를 풀다 학습 동기를 상실한 학생도 많이 보았습니다. 정말로 문제에 욕심이 많은 학생은 사설 모의고사를 샅샅이 풀기도 합니다. 그런데 제 경험상 문제 욕심이 많은 학생보다 교육기관에서 출제한 모의고사를 완벽하게 마스터한 학생들이 더 좋은 성적을 냈습니다.

3장

✦

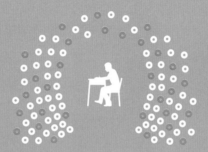

온라인 강의 및
교재 활용법

효과적인
온라인 강의 활용법

정보통신 기술의 발달이 요즘 아이들의 공부 풍속을 바꾸어 놓은지 오래입니다. '인강(인터넷 강의)' 시대가 도래한 것입니다. 인강을 통한 공부는 학교나 학원에서의 대면 공부를 넘어 당당히 교육의 한 자리를 차지하고 있습니다. 요즘 같은 언택트 시대엔 더욱 그렇죠. 매년 유·초·중·고 학생들을 위한 프로그램이 다양하게 개발되어 보급되고 있습니다. 사설 교육기관에서부터 각 지역의 구청 및 EBS 교육방송에 이르기까지 프로그램이 다양합니다. 학생들은 각자 자신의 구미에 맞는 프로그램을 찾아 쉽게 강의를 들을 수 있습니다. 프로그램을 구현할 컴퓨터와 모니터, 이어폰만 있으면 공부 준비 끝이지요. 요즘은 스마트폰에서도 가능합니다. 그런데 인강을 통한 공부 효과에 대한 반응은 둘로 나뉩니다. 효과를 보았다는 학생도 있고 그렇지 않다는 학생도 있습니다. 자기주도적 학습 태도가 잘 확립되어 있는 학생에게는 좋은 공부 자료가 되고 그 반대의 경우에는 유명무실해집니다. 그런데 인강이 좋은 공부 자료가 되려면 도사리고 있는 위험 요소를 배제해야 합니다. 인강 듣는답시고 컴퓨터 앞에 앉아 게임에 빠질 수도 있고 엉뚱한 프로그램을 기웃거리다 시간만 낭비할 수도 있기 때문입니다. 특히 자제력이 부족한 초·중학생에게 문제가 될 수 있습니다. 엄격한 자제와 통제가 필요합니다. 아래 인터뷰 내용 잠깐 살펴보겠습니다.

"EBS 교육 프로그램이 공부에 도움이 되었나요?"

"네, 저에게는 큰 도움이 됐어요."

"어떤 면에서 그렇죠?"

"저는 시골에 살아서 학원 다니거나 과외 하기가 어려웠거든요. 그래서 EBS밖에 없었어요. EBS 보면서 부족한 공부를 보충할 수 있었고 학교에서 배운 내용을 복습할 수도 있었어요. 덕분에 내신도 잘 나왔어요. EBS는 저의 멘토였어요."

위 예는 어느 대학생의 고등학교 시절 EBS 인강 경험담입니다. 인강이 긍정적인 영향을 준 경우입니다. 고등학생에게 인강을 듣는 이유를 물어봤더니 위 학생처럼 학교 공부 보충을 위해 듣는다는 답변이 지배적이었습니다. 특히 필요한 부분만 캡쳐해서 공부할 수 있고, 이해가 안 되는 부분을 반복해서 들을 수 있어서 좋다고 답했습니다. 그리고 인강을 통한 공부 효과를 보려면 지속적으로 들어야한다고도 했습니다. 맞습니다. 다양하고도 훌륭한 인강 프로그램들이 제공되고 있는데 이것을 어떻게 내 공부에 성공적으로 활용하느냐가 관건입니다. 그럼 시기별 인강 공부 전략을 알아볼까요?

초등 인강 활용법

요즘 아이들은 유튜브를 통해서 공부를 하고 세상을 배운다는 말이 있습니다. 아이들이 매체에 쉽고 자연스럽게 노출되어 있는 것이 현실입니다. 피할 수 없는 이러한 환경에서 아이들에게 '디지털 리터러시(digital literacy, 디지털 문해력)'를 갖추게 하는 것이 매우 중요합니다. 즉 어떤 자료가 좋은 자료인지, 공개된 자료가 어디까지 신뢰할 수 있는지에 대해 먼저 이야기 나눠 보시고 저작권 개념에 대해서도 알려주시면 좋습니다. 그리고 적정 이용 시간(하루 2시간 이내)을 지킬 것을 약속하고, 디지털 범죄 예방법에 대해서도 자세하게 안내해 줄 필요가 있습니다. 초등 단계에서는 부모나 교사의 가이드가 절대적으로 필요합니다. 그리고 교과와 연계된 프로그램을 선택해 공부하는 것이 무엇보다 중요합니다. 초등 인강 활용법도 중·고등 인강법과 크게 다르지 않습니다. 참고로 초등생들을 위한 학습용 무료 웹사이트를 소개합니다.

- EBS 초등 사이트(https://primary.ebs.co.kr/): 초등 교과, 영어 심화, 방학생활 등 강좌프로그램 제공
- 에듀넷(http://info.edunet.net/): e학습터(초1~6학년 국어, 사회, 과학, 영어 교과의 학습동영상과 평가 문항 제공), 디지털 교과서(초3~6학

년 사회, 과학, 영어 교과서 내용과 다양한 멀티미디어 콘텐츠 제공)

- 듀오링고(www.duolingo.com): 영어를 포함하여 다양한 언어 학습을 제공하는 플랫폼(스마트폰 앱과 인터넷 홈페이지 둘 다 활용 가능)
- 국립중앙박물관(www.museum.go.kr): e뮤지엄, 온라인 학습 영상 자료실 – 초·중등 교과과정 영상 목록 제공
- 국립현대미술관(www.mmca.go.kr): 디지털 미술관 제공

중·고등 인강 활용법

인강을 통한 성적 향상은 자기주도적 학습 태도가 장착된 학생들에게만 가능합니다. 학교나 독서실, 학원, 스터디카페에서 인강을 듣는 학생들은 공부에 대한 목적 의식이 뚜렷하고 자기주도적으로 공부하는, 이른바 '혼공'에 익숙한 학생들입니다. 인강을 통한 공부는 학생들 수준에 따라 목적이 상이할 수 있습니다. 기본이 탄탄하고 어느 정도 수준이 있는 학생들은 개념 설명보다 신속하게 문제를 푸는 스킬을 알려 주는 강의를 선호합니다. 반면 기본이 부족한 학생들은 친절한 개념 설명 위주의 인강을 찾아 듣습니다. 목적이 어떠하든 인강은 잘만 활용하면 훌륭한 혼공 파트너가 될 수 있습니다. 그동안 공교육, 사교육 현장에서 경험했던 사례를 바탕으로 성공적인 인강 활용법을 알려드립니다.

◆ 첫째, 꼭 필요한 과목을 선택해 반복해서 듣는다.

인강은 자신의 부족한 부분을 채우는 보조 수단이므로, 모든 과목을 인강으로 공부해야 한다는 생각은 바꿔야 합니다. 지나치게 욕심을 부리면 오히려 부작용이 생깁니다. 특히 강사들의 화려한 언변에 끌려 불필요한 부분까지 듣다 시간을 낭비하는 일이 생길 수 있습니다. 필요하다면 어떤 과목의 어떤 영역, 어떤 강사의 수업이 도움이 되는지 인강을 적극 활용하는 선배들에게 추천을 받는 것도 좋습니다.

◆ 둘째, 인강 수강 시간을 정확하게 정한다.

인강을 듣다 보면 시간 가는 줄 모를 수 있습니다. 한 과목에 빠져 듣다 보면 그만큼 다른 과목 공부할 시간이 줄어듭니다. 그렇게 되면 공부 균형이 깨집니다. 그래서 인강 수강 시간 계획을 세워 균형 잡힌 공부가 되도록 해야 합니다. 인강 수강 시간은 보통 2~3시간이 적당합니다. 너무 많은 시간을 듣다 보면 피로감을 느낄 수 있고 공부 효율도 떨어지기 때문입니다.

◆ 셋째, 수업 내용 이해가 안 될 경우 반드시 Q&A를 활용한다.

인강은 일방적으로 이루어지는 수동적 학습 형태이기 때문에 상호작용이 불가능합니다. 따라서 모르는 내용의 피드백을 받지 못하면 겉핥기식 공부가 될 수 있습니다. 학교 과목 선생님이나, 학원 선생님 혹은 Q&A 코너를 활용해 모르는 부분을 확실하게 이해하고 넘어가는 공부 습관을 들여야 인강 수강의 효과를 볼 수 있습니다.

◆ 넷째, 반드시 메모하며 듣는다.

인강은 잘못하면 눈과 귀 공부만 될 수 있기 때문에 모니터를 끄는 순간 공부한 내용을 잊어버리는 허무한 시간 낭비가 될 수 있습니다. 그래서 반드시 메모하며 들어야 합니다.

◆ 다섯째, 인강 수강 후 반드시 스스로 실전 연습을 한다.

인강 강사는 학습자의 학습 내용 이해 여부를 확인해 주지 않습니다. 만일 인강 수강만 하고 스스로 적용하는 연습을 하지 않으면 실력이 늘지 않습니다. 학부모 상담을 해 보면 아이가 인강을 열심히 듣는데 성적이 나오지 않는다는 말을 종종 합니다. 이는 아이가 직접 문제 연습을 하지 않았기 때문입니다. 그저 즐겁게 귀와 눈으로만 강사의 강의를 따라간 것입니다. 강의 들은 직후 혹은 들으면서 스스로 실전 연습을 하지 않는 한 인강 수강은 큰 의미가 없습니다.

참고로 중·고등 학생들을 위한 대표적 공공 인강 사이트를 소개합니다.

- EBS 교육방송: 무료 제공
- 강남인강(강남구청 인터넷 수능 방송): 유료(연간 5만원)
- 구로 학습지원센터
- 각 지역마다 개설된 학습지원센터

나한테 맞는
교재 선택 및 활용법

어떤 교재로 공부해야 좋은 성적을 받을 수 있을까

예비 중1이나 예비 고1의 경우 교재 선택에 대한 고민이 진지합니다. 그런데 아이들은 좋은 교재에 대한 정보가 거의 없습니다. 그래서 공부 잘하는 선배에게 물어보기도 합니다. 자신에게 맞는 적절한 교재가 무엇인지 먼저 생각하지 않고 말이죠. 아이들은 어떤 교재가 좋은 교재인지에 대한 판단을 못 내려 남에게 결정을 맡깁니다. 그래서 경험자에게 묻게 되는 겁니다. 이런 점에서 교재 선택에 대한 적절한 가이드가 필요합니다.

이제부터 내신용, 수능용 국어 교재 선택과 활용법을 시기별, 수준별로 제시해 보겠습니다.

우선 가장 좋은 교재는 교과서입니다. 교과서에는 국어 개념 지식의 기본이 실려 있습니다. 아울러 개념 지식을 적용해 독해를 하고 문제를 해결하는 과정이 제시되어 있습니다. 교과서는 국어 실력을 높여주는 모든 요소가 망라되어 있습니다. 그것도 아주 체계적으로 말이지요. 그래서 국어 공부의 시작은 바로 교과서를 완벽하게 독파하는 것에서 출발해야 합니다.

중학교 내신용 국어 교재

중학교 국어 교과서는 여러 종이 있기 때문에 학교마다 선택된 교과서가 다릅니다. 중학교 내신용 국어 교재는 학년 수준을 불문하고 해당 학교에서 선택한 교과서에 딸린 자습서와 평가 문제집이 제일 좋습니다. 요즘은 교과서를 제작한 출판사별로 교과서 저자를 중심으로 자습서와 평가 문제집을 만듭니다. 학교 교과 담당 선생님들도 이렇게 만들어진 교재를 출판사로부터 제공 받기 때문에 수업이나 문제 출제에도 활용합니다. 앞에서도 전제했듯이 제일 좋은 교재는 교과서라는 점에서 교과서와 가장 밀접하게 연관된 교재가 중학교에서는 유용합니다. 교과서를 완벽히 정복하고 자습서를 통해 한번 더 복습한 후 평가 문제집으로 마무리하는 게 좋습니다. 교과서를 정복하기도 전에 먼저 문제집으로 들어가는 것은 올바른 교재 활용법이 아닙니다. 교과서를 완벽하게 정복해야 문제집도 즐겁게 풀수 있습니다. 중·상위권 학생들은 여기에 덧붙여 중간, 기말 대비 고난도 문제집을 선택해 푸는 것도 좋습니다.

중학교 수능용 국어 교재

중학교 수능 국어 교재는 수능과 연계된 국어 개념 지식을 습득할 수 있는 내용으로 구성된 것이 좋습니다. 수능 문제는 국어 개념 지식을 바탕으로 출제되기 때문입니다. 따라서 학년, 수준을 막론하고 국어 개념 완성을 구체적으로 가이드한 교재가 좋습니다. 그리고 교재를 교과서와 연계해 공부하면 좋습니다. 이렇게 하면 내신, 수능 두 마리 토끼를 다 잡게 됩니다. 그리고 한 번 보고 끝내지 말고 반복해서 공부해 수능으로 이어지는 밑거름이 되게 합니다. 그래야 오래 기억에 남고 수능 국어로 적용할 수 있는 힘이 생깁니다.

중3은 예비 고1에 해당하는 시기이므로 중·상위권 학생들은 수능 국어 입문 교재를 선택해 공부하는 것이 좋습니다. 중학교 국어와 고등학교 국어가 어떻게 다른지 미리 맛을 보는 것도 중3 학생의 좋은 공부 자세입니다. 수능 국어 입문 교재는 수능 국어 출제 영역이 총망라된 것이 좋습니다. 그래야만 수능 시험의 정체를 파악할 수 있기 때문입니다. 수능 국어를 위해 무엇을 공부해야 하는지 미리 아는 것은 무엇보다도 중요한 일입니다.

고등학교 내신용 국어 교재

고등학교 내신은 대입으로 직결된다는 점에서 중학교 내신과 크게 다릅니다. 중학교 내신 문제는 교과서 범위 안에서 출제되지만, 고등학교 내신 문제는 교과 담당 교사의 수업 진행 방식에 따라 다양하고 폭넓게 출제됩니다. 교과서는 기본이고 교과서와 연계된 보충자료나 새롭게 제작된 교재에서 출제하기도 합니다. 그래서 시험 문제 출제 범위도 상당히 확장됩니다. 그럼 어떤 교재로 내신을 준비하는 것이 좋을까요? 중학교 교재 선택과 마찬가지로 고등학교 1, 2학년은 수준을 막론하고 내신 준비 교재도 교과서에 딸린 자습서와 평가 문제집을 선택하는 것이 좋습니다. 우선 교과서를 완벽하게 공부하고 자습서 문제를 통해 교과서 학습 내용을 복습합니다. 이때 특히 주관식 서술형 문제 연습에 신경을 써야 합니다. 객관식에 비해 배점이 높기 때문입니다. 교과서와 자습서를 통해 시험 단원 복습이 끝나면 평가 문제집으로 마무리합니다. 중·상위권 학생들은 이에 덧붙여 고단도 문제를 연습할 수 있는 교재를 선택해 킬러 문제에 대비합니다. 그리고 여기서 잊지 말아야 할 것은 학교 교과 담당 교사가 따로 준 보조 학습 자료를 완벽하게 공부해야 한다는 것입니다. 보통 아이들은 이 보조 자료를 등한시하는 경향이 있는데 교사는 이 보조 자료를 변형해 문제를 출제하기 때문에 시험 전 최종 복습 자료로 활용하고, 스스로 문제를 출제해 보는 것도 좋은 준비 방법입니다.

고3의 경우는 고1, 2와 상황이 조금 다릅니다. 학교에 따라 천차만별입니다. 대부분의 학교에서는 교육방송 교재를 주교재로 활용해 수업을 진행합니다. 물론 교과서는 따로 있습니다. 그래서 교과 담당 교사는 교과서 학습 내용 중 특히 강조한 부분과 교육방송 교재를 변형해 출제합니다. 이때 또 다른 보조 학습 자료가 있다면 그것도 시험에 반영합니다. 이런 점에서 고3 내신 준비는 수준과 상관 없이 교과서와 수업 교재, 보조 자료를 종합해 준비하는 것이 좋습니다. 특히 중·상위권 학생들은 시험 범위에 해당하는 내용을 바탕으로 스스로 문제를 출제해 보거나 보조 자료나 수업 교재에 있는 문제를 변형해 보는 것도 좋은 시험 준비 자세입니다. 이때 친구들과 소통하며 각자 출제한 문제를 공유하는 것도 좋습니다. 그리고 문학의 경우 수업 중에 다룬 작품 외에 엮어 읽기로 제시된 작품을 완벽하게 공부해야 합니다. 교과 담당 교사는 시험의 변별력을 위해 소개만 하고 직접 다루지 않은 엮어 읽기 작품을 활용하기 때문입니다. 어쨌든 고3 내신은 학교 수업 시간에 이루어지는 교재를 충실히 복습하는 것이 최선입니다.

고등학교 수능용 국어 교재

수능 초창기로 잠깐 돌아가 보겠습니다. 1994년 첫 수능 국어 시험은 총 65문항이었습니다. 그리고 시험은 2회 실시되었고 그 중 좋은 성적을 선택해 입시를 치렀습니다. 문항 수도 많고 시험 문제도 학교 내신 문제와 전혀 다르게 출제되었기 때문에 체감 난이도가 아주 높았습니다. 그래서 당시 수능 교재는 입문-기본-실전-종합 이 네 단계가 한 세트로 제작되었습니다. 학생들 교재 구입비도 만만치 않았고 공부해야 할 양도 지금보다 많았습니다. 지금 수능 국어 문제는 45문항입니다. 게다가 2021년부터는 바뀐 수능 체제가 도입되었습니다. 공통 과목인 독서와 문학이 각각 17문항씩 34문항, 선택 과목 (화법과 작문, 언어와 매체) 각각 11문항 총 45문항으로 새롭게 정착되었습니다. 시대의 흐름에 따라 수능 국어 출제 체제에 상당한 변화가 생겼습니다. 그런데 수능 국어 문제가 점점 어려워지고 있다는 점에 주목해야 합니다. 이러한 경향은 앞으로도 지속될 것으로 예상됩니다. 이렇게 어려워져가는 수능 체제에서 국어 1등급을 받으려면 어떻게 해야 할까요? 국어에서 벼락치기는 어림없는 일입니다. 그럼 언제부터 수능 국어 준비를 해야 할까요? 네. 초등학교 때부터 차근차근 쌓아가야 합니다. 초등 시기에 생각하는 힘을 기르고, 중등 시기에 기초를 탄탄하게 다져야 고등학교에 와서 꽃을 피울 수 있습니다.

그럼 본론으로 돌아와 어떤 교재를 선택해 어떻게 공부해야 할까요? 특히 고등학교 1학년의 경우 초미의 관심사입니다. 각 학년의 공통된 전제는 교과서(문학, 독서, 화법과 작문, 언어와 매체)를 철저하게 공부해 기본을 다져야 한다는 것입니다.

우선 고1의 경우 공통적으로 수능 국어의 원리를 종합적으로 설명한 교재가 좋습니다. 수능 국어가 중학교 국어와는 확연히 다르다는 점을 한 번에 깨우치기 위해서입니다. 그리고 수능 국어 원리는 수능 출제 전 영역에 대해 구체적 예를 통해 가이드해 주기 때문에 수능 국어의 기본을 다지는데 큰 도움이 됩니다. 수능 국어 원리가 이미 완성된 상위권 학생들은 평가 요소별로 구성된 교재를 선택해 반복하는 것이 좋습니다. 수능 평가 요소란 사실적 사고력, 추리·상상적 사고력, 비판적 사고력, 논리적 사고력, 창의적 사고력을 말합니다. 수능 시험 문제의 핵심 요소로 볼 수 있습니다.

고2의 경우는 공통적으로 독서, 문학 작품 감상 원리를 가이드한 교재가 좋습니다. 독해력 향상에 주력해야 하는 시기이기 때문입니다. 독해의 원리, 문학 작품 감상의 원리를 정복하면 글을 신속 정확하게 읽는 능력이 생깁니다. 원리에 익숙해져야 문제 해결의 실마리가 보입니다. 원리가 이미 장착된 상위권 학생은 영역별로 구성된 교재가 좋습니다. 영역별 교재란 독서의 경우 인문, 사회, 과학, 예술, 기술 영역과 같이 제재별로 구성된 교재를 말합니다. 문학의 경우 고전시가, 현대시, 고전 소설, 현대 소설 등과 같이 갈래별로 구성된 교재를 의미합니다. 갈래별 교재는 자신의 약한 부분을 체크할 수 있기 때문에 무엇을 더 보충해야 하는지 알게 해 줍니다. 이때 자신의 약점이 극복될 때까지 반복해서 공부해야 합니다. 문학의 경우 수준에 상관없이 고전시가를 어려워합니다. 이를 극복하는데 고전시가 작품에 주석이 달린 교재가 좋습니다.

　이제 고3을 보겠습니다. 발등에 불이 떨어진 상황입니다. 과연 고3에 적절한 수능 국어 교재는 무엇일까요? 고3 학생들이 반드시 봐야 하는 수능 대비 교재는 EBS 교육방송 수능 특강, 수능 완성입니다. 두 교재는 수능 출제 주관 기관인 교육과정 평가원에서 유일하게 인정한 수능 반영 교재입니다. 실제 출제 위원들이 두 교재를 참고해 문제를 출제합니다. 두 교재는 교육방송에서 강의가 이루어지기 때문에 직접 교육방송 강의를 듣는 것이 좋습니다. 하위권 학생들은 특히 수능 특강 교재 이론 부분을 꼼꼼히 봐야 합니다. 이론 부분은 집필자가 가장 공들여 쓰는 부분이고, 교과서 체제가 반영되어 있기 때문입니다. 수능 출제 원칙이 담겨 있다고 보시면 됩니다. 중·상위권 학생들은 수능 완성에 수록된 작품을 철저히 공부하고 연관된 다른 작품을 엮어 공부하는 것이 좋습니다. 제시된 작가의 작품과 주제 면에서 유사한 작품이 연계 출제되기 때문입니다. 이는 독서, 문학에 공통된 사항입니다.

수능 국어 1등급은 하루아침에 이루어지지 않습니다. 우리 아이 수능 국어 1등급을 받게 하려면 어릴 때부터 견고하게 초석을 다져 나가야 합니다. 지속적인 국어 공부만이 답입니다. 목표한 꿈을 이루는데 국어가 발목을 잡는 일은 없어야 합니다. 일찍부터 국어 공부를 시작한 아이는 불국어 시대를 이겨낼 국어 강자가 될 것입니다.

단계별 추천
도서 목록

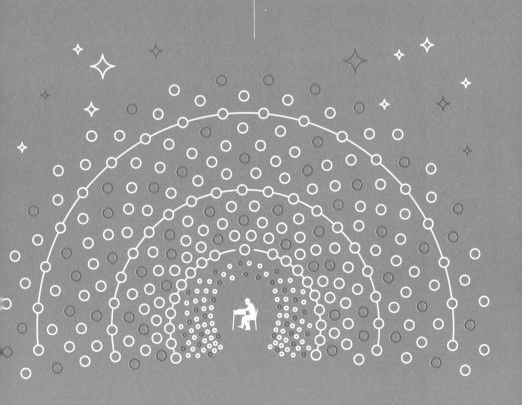

〈1학년 교과서 연계 도서〉

번호	책 제목	지은이	출판사
1	바빠요 바빠(가을)	윤구병	보림
2	오늘은 우리 집 김장하는 날	채인선	보림
3	신기한 스쿨 버스 10 (눈, 귀, 코, 혀, 피부 속을 탐험하다)	조애너 콜	비룡소
4	몸한테 여보세요	나나오 준	시공주니어
5	세상의 낮과 밤	발레리 기두	아이세움
6	내가 병을 이겼어요	김동광	아이세움
7	박타령	김장성	여우고개
8	강아지똥	권정생	길벗어린이
9	이모의 결혼식	선현경	비룡소
10	솔이의 추석 이야기	이억배	길벗어린이
11	감기 걸린 날	김동수	보림
12	숨 쉬는 항아리	정병락	보림
13	개구리네 한솥밥	백석	보림
14	숯 달고 고추 달고	이춘희	언어세상
15	구름빵	백희나	한솔교육
16	산골 총각	백석	너른들
17	황소와 도깨비	이상	다림
18	애국가를 부르는 진돗개	박상률	보림
19	어디 어디 숨었니?	김향금	곧은나무
20	한지돌이	이종철	보림
21	쪽빛을 찾아서	유애로	보림
22	개구리의 세상 구경 1, 2	임정진	웅진닷컴
23	엄마 없는 날	이원수	웅진닷컴
24	성난 수염	마해송	우리교육

25	팥죽 할머니와 호랑이	조대인	보림
26	오른발, 왼발	토미 드 파울라	비룡소
27	내게는 소리를 듣지 못하는 여동생이 있습니다	J.W. 피터슨	중앙출판사
28	지각대장 존	존 버닝햄	비룡소
29	곰 인형 오토	토미 웅거러	비룡소
30	너는 특별하단다	맥스 루카도	고슴도치
31	난 형이니까	후쿠다 이와오	아이세움
32	똑딱 똑딱	제임스 덴버	그린북
33	재활용 아저씨 고마워요	알리 미트구치	풀빛
34	우당탕탕, 할머니 귀가 커졌어요	엘리자베드 슈티메르트	비룡소
35	엄마의 의자	베라 윌리엄스	시공주니어
36	틀려도 괜찮아	마키다 신지	토토북
37	언제까지나 너를 사랑해	로버트 먼치	북뱅크
38	피터의 의자	에즈라 잭 키츠	시공주니어
39	똥은 참 대단해	허은미	웅진씽크빅
40	씨앗은 무엇이 되고 싶을까?	김순한	돌베개 어린이
41	우리 아이 생각하는 힘을 키워 주는 과학동화	최은규	삼성
42	앤서니 브라운의 행복한 미술관	앤서니 브라운	웅진주니어
43	미술관에 핀 해바라기	제임스 메이휴	크레용 하우스
44	그림 그리는 아이 김홍도	정하섭	보림
45	인사동 가는 길	김이경	파란자전거
46	넉 점 반	윤석중	창비

⟨2학년 교과서 연계 도서⟩

번호	책 제목	지은이	출판사
1	또야 너구리가 기운 바지를 입었어요	권정생	우리교육
2	너 먼저 울지마	안미란	사계절
3	마두의 말씨앗	문선이	사계절
4	손 큰 할머니의 만두 만들기	채인선	재미마주
5	울지마, 울산바위야	조호상	한겨레출판
6	날아라 풀씨야	원유순	웅진닷컴
7	벌렁코 하영이	조성자	사계절
8	심심해서 그랬어	윤구병	보리
9	내 이름은 나답게	김향이	사계절
10	똥떡	이춘희	언어세상
11	갑수는 왜 창피를 당했을까	노경실	계림북스쿨
12	까막눈 삼디기	원유순	웅진닷컴
13	나는 싸기대장의 형님	조성자	시공주니어
14	쿨쿨 할아버지 잠 깬 날	위기철	사계절
15	무지무지 힘이 세고, 대단히 똑똑하고, 아주아주 용감한 당글공주	임정자	우리교육
16	짜장 짬뽕 탕수육	김영주	재미마주
17	쇠를 먹는 불가사리	정하섭	길벗어린이
18	학교에 간 개돌이	김옥	창작과 비평
19	방귀공주의 모험	이재효	여우오줌
20	삼신할머니와 아이들	정하섭	창비
21	돼지책	앤서니 브라운	웅진닷컴
22	에밀은 사고뭉치	아스트리드 린드그렌	논장
23	내 마음의 선물	오토다케 히로타다	창해
24	으뜸 헤엄이	레오 리오니	마루벌
25	고맙습니다, 선생님	패트리샤 폴라코	아이세움

26	여우의 전화 박스	도다 가즈요	크레용하우스
27	웃지 않는 공주 이사벨라	실비아 론칼리아	서광사
28	화요일의 두꺼비	러셀 에릭슨	사계절
29	냄비와 국자 전쟁	미하엘 엔데	소년한길
30	까만 아기 양	엘리자베스 쇼	푸른그림책
31	바람이 휙, 바람이 쏴	에벌린 하슬러	비룡소
32	설탕으로 만든 사람	아니카 에스테롤	비룡소
33	까마귀 소년	야시마 타로	비룡소
34	엄마의 의자	베라 B. 윌리엄스	시공주니어
35	리디아의 정원	사라 스튜어트	시공주니어
36	고정욱 선생님이 들려주는 장영실	고정욱	산하
37	쪽빛을 찾아서	유애로	보림
38	단군신화	이형구	보림
39	아무도 내 이름을 안 불러 줘	한국글쓰기연구회	보리
40	수학아 수학아 나 좀 도와줘	조성실	삼성당아이
41	가로수 밑에 꽃다지가 피었어요	이태수	우리교육
42	그런데요, 생태계가 뭐예요?	권수진, 김성화	토토북
43	꿈꾸는 뇌(머리에서 발끝까지)	조은수	아이세움
44	개구리 논으로 오세요	여정은	돌베개 어린이
45	안녕, 난 개미야	스티브 파커	바다출판사
46	벼가 자란다	보리	보리
47	우리가 사는 도시 탐험	페트리샤 멘넨	크레용하우스
48	세상의 집들	클레르 위박	삼성당아이

〈3학년 교과서 연계 도서〉

번호	책 제목	지은이	출판사
1	쓱쓱 쟁기 빙글빙글 물레 누가 쓰던 물건일까	햇살과나무꾼	해와나무
2	우리 문화유산 이야기	김용운 외 6명	효리원
3	복주머니랑 그네랑 신나는 우리 명절 이야기	햇살과 나무꾼	해와 나무
4	갈치 사이소	도토리	보리
5	나는 무슨 씨앗일까?	최재천 외	샘터사
6	지구가 큰일 났어요	이안	뜨인돌
7	올챙이와 만나요 연못에서	김남길	예림당
8	물방울의 추억	에띤느 드랄라	서광사
9	꼬마 정원	레나 안데르손	미래사
10	지구의 마법사 공기	허창회	풀빛
11	백두산 이야기	류재수	통나무
12	우리 집에 온 마고 할미	유은실	바람의 아이들
13	생명이 들려준 이야기	위기철	사계절
14	쌍동밤	이영철	숲속나라
15	나보다 작은 형	임정진	푸른숲
16	아기장수 우투리	서정오	보리
17	오줌에 잠긴 산	장주식	푸른나무
18	밤티마을 큰돌이네 집	이금이	푸른책들
19	어린이를 위한 배려	한상복	위즈덤하우스
20	들키고 싶은 비밀	황선미	창비
21	물푸레 물푸레 물푸레	조호상	도깨비
22	어두운 계단에서 도깨비가	임정자	창비
23	똥이 어디로 갔을까?	이상권	창비
24	엄마는 파업중	김희숙	푸른책들

25	그림 도둑 준모	오승희	낮은산
26	플랜더스의 개	위다	산하
27	도서관에 가지 마, 절대로	오언 콜퍼	국민서관
28	할머니	페터 헤르틀링	비룡소
29	마법 푸딩	노먼 린지	웅진주니어
30	마법의 설탕 두 조각	미하엘 엔데	한길사
31	모네의 정원에서	크리스티나 비외르크	미래사
32	사과나무 위의 할머니	미라 로베	중앙출판사
33	아빠가 내게 남긴 것	캐럴 캐릭	베틀북
34	나는 너랑 함께 있어서 좋을 때가 더 많아	구드룬 멥스	시공주니어
35	피튜니아, 공부를 시작하다	로저 뒤바젱	시공주니어
36	엉뚱이 소피의 못 말리는 패션	수지 모건스턴	비룡소
37	파스칼의 실수	플로랑스 세이보스	비룡소
38	밤하늘 별 이야기	세키구치 슈운	진선출판사
39	우리 몸 탐험	리처드 워커	다섯수레
40	집짓기	강영환	보림
41	고기잡이	박구병	보림
42	루이 브라이	마가렛 데이비슨	다산기획
43	나비 박사 석주명	박상률	사계절
44	세상을 바꾼 위대한 책벌레들	김문태	뜨인돌 어린이
45	지구를 둥글게 만든 사람들	그림나무	푸른 숲
46	옥수수 박사 김순권 이야기	조호상	우리교육
47	마야와 고야의 세계 가면 여행	김선희	상
48	콩, 너는 죽었다.	김용택	실천문학사

〈4학년 교과서 연계 도서〉

번호	책 제목	지은이	출판사
1	우리 명절에는 어떤 이야기가 숨어 있을까?	햇살과 나무꾼	채우리
2	10원으로 배우는 경제 이야기	나탈리 토르지만	영교
3	어린이를 위한 서울 문화 유산 답사기 1 – 서울의 역사 기행 편	김해웅	자음과 모음
4	우리나라 오천 년 이야기 생활사 1, 2	원영주 외	계림
5	옛날 사람들은 어떻게 살았을까?	조은수	창비
6	어린이 경제원론	김시래, 강백향	명진출판
7	갯벌 탐사 도감	김종문	예림당
8	별지기 아저씨가 들려주는 별 이야기	이한주	진선출판사
9	손에 잡히는 과학 교과서 2-동물	권오길	길벗스쿨
10	공룡이 세상을 지배하다	최정원	현암사
11	깡딱지	강무홍	사계절
12	나와 조금 다를 뿐이야	이금이	푸른책들
13	대갈장군 막총이	신정민	세림M&B
14	등대지기 우리 아빠	박신식	아이앤북
15	외딴섬 아이들의 엽기 기행	이창수	꿈소담이
16	좋은 엄마 학원	김녹두	문학동네어린이
17	양파의 왕따 일기	문선이	파랑새어린이
18	칠칠단의 비밀	방정환	사계절
19	아주 특별한 우리 형	고정욱	대교
20	과수원을 점령하라	황선미	사계절
21	뽈귀신 아버지	김학철	산하

22	메주도사	장문식	보리
23	받은 편지함	남찬숙	우리교육
24	내 동생 아영이	김중미	창비
25	홍길동전	정종목	창비
26	검은 여우	베치 바이어스	사계절
27	새집머리 아모스	마이클 델라니	시공주니어
28	하루 동안의 공부 파업	지젤 비엔느	거인
29	우리 아빠는 백수건달	장여우위	대교
30	미오, 나의 미오	아스트리드 린드그랜	우리교육
31	엄지 아가씨	한스 크리스티안 안데르센	소년한길
32	시튼 동물기	어니스트 톰프슨 시튼	논장
33	멍텅구리, 세상을 바꾸다	조르주 상드	계수나무
34	피난 열차	헤미 발거시	동산사
35	콜라주의 비밀	데이비드 A. 아들러	크레용하우스
36	고래는 왜 바다로 갔을까?	과학아이	창비
37	내 몸이 줄어들고 있어	오바라 히데오	함께읽는책
38	열려라! 거미 나라	임문순/김승태	지성사
39	앗! 우주가 나를 삼켰어요	홍대길	삼성출판사
40	세계를 깜짝 놀라게 한 오천 년 우리 과학	이영민	계림
41	지구가 큰일 났어요!	이안, 마리루	뜨인돌
42	대조영-고구려를 잇는 발해를 세우다	한예찬	주니어랜덤
43	물고기 박사 최기철 이야기	이상권	우리교육
44	아하! 그땐 이런 역사가 있었군요	지호진	주니어김영사

〈5학년 교과서 연계 도서〉

번호	책 제목	지은이	출판사
1	세상을 깜짝 놀라게 한 오천 년 우리 과학	이영민	계림
2	최열 아저씨의 지구촌 환경 이야기 1	최열	청년사
3	리틀 부자가 꼭 알아야 할 경제 이야기	김수경	교학사
4	인류의 희망 미래과학	김남석	오렌지나무
5	우리 아이 첫 백제 여행	여행이야기	삼성당
6	돌도끼에서 우리별 3호까지	전상운	아이세움
7	날씨를 바꾸는 요술쟁이 바람	허창회	풀빛
8	열려라! 꽃나라	차윤정	지성사
9	별똥별 아줌마가 들려주는 화산 이야기	이지유	미래M&B
10	우주가 우왕좌왕	샤르탄 포스키트	김영사
11	몽실언니	권정생	창비
12	밥데기 죽데기	권정생	바오로딸
13	받은 편지함	남찬숙	우리교육
14	나온의 숨어있는 방	황선미	창비
15	강마을에 한 번 와 볼라요?	고재은	문학동네
16	못나도 울 엄마	이주홍	창비
17	지엠오 아이	문선이	창비
18	반지 엄마	백승남	한겨레아이들
19	엄마, 엄마	조성자	현암사
20	하늘로 날아간 집오리	이상권	창비
21	아주 작은 학교	이금이	푸른책들
22	초정리 편지	배유안	창비
23	영모가 사라졌다	공지희	비룡소
24	무기 팔지 마세요	위기철	청년사
25	마지막 왕자	강숙인	푸른책들

26	평화는 어디에서 오나요	구드룬 파우제방	웅진주니어
27	왜 나를 미워해	요시모토 유키오	보리
28	내 친구가 마녀래요	E.L. 코닉스버그	문학과지성사
29	진짜 도둑	윌리엄 스타이그	베틀북
30	우리 누나	오카 슈조	웅진주니어
31	사자와 마녀와 옷장	C.S. 루이스	시공주니어
32	내 친구 윈딕시	케이트 디카밀로	시공주니어
33	라스무스와 방랑자	아스트리드 린드그렌	시공주니어
34	헨쇼 선생님께	비벌리 클리어리	보림
35	이상한 나라의 앨리스	루이스 캐럴	시공주니어
36	짐 크노프와 기관사 루카스	미하엘 엔데	길벗어린이
37	켄즈케 왕국	마이클 모퍼고	풀빛
38	행복한 왕자	오스카 와일드	시공주니어
39	매미, 여름 내내 무슨 일이 있었을까	박성호	사계절
40	야! 가자, 남극으로	장순근	창비
41	과학자와 놀자	김성화, 권수진	창비
42	역사야! 나오너라	이은홍	푸른숲
43	대조영과 발해	이광웅	예림당
44	역사 인물 신문 1, 2	이광희	웅진주니어
45	위대한 영혼 간디	이옥순	창비

<6학년 교과서 연계 도서>

번호	책 제목	지은이	출판사
1	한국사 편지 1~5권	박은봉	웅진닷컴
2	조선사 이야기 1, 2, 3	박영규	주니어김영사
3	아빠 법이 뭐예요?	우리누리	창비
4	잘사는 나라 못사는 나라	석혜원	다섯수레
5	이원복 교수의 세계 기행 1, 2	이원복	사랑의 학교
6	우리 민족문화 상징 100	김찬곤	한솔교육
7	지진 해일이 왜 일어날까요?	로지 그린우드	다섯수레
8	어린 과학자를 위한 몸 이야기	권오길	봄나무
9	미국 초등학생이 배우는 과학	앤 제만	창해
10	최열 아저씨의 지구촌 환경 이야기 1, 2	최열	청년사
11	마당을 나온 암탉	황선미	사계절
12	압록강은 흐른다	이미륵	다림
13	제키의 지구여행	문선이	길벗어린이
14	너도 하늘말나리야	이금이	푸른책들
15	자전거 도둑	박완서	다림
16	금오신화	김시습	청솔
17	괭이부리말 아이들	김중미	창작과비평사
18	연어	안도현	문학동네
19	우리들의 일그러진 영웅	이문열	다림
20	짜장면 불어요	이현	창비
21	니가 어때서 그카노?	남찬숙	사계절
22	손바닥에 쓴 글씨	김옥	창비
23	비를 피할 때는 미끄럼틀 아래서	오카다 준	보림
24	열두 살에 부자가 된 키라	보도 섀퍼	을파소
25	줄리와 늑대	J.C. 조지	대교
26	바다소	차오원셴	다림

27	호비트 1, 2	J.R. 로웰 톨킨	시공주니어
28	수학귀신	H.M. 엔첸스베르거	비룡소
29	모모	미하엘 엔데	비룡소
30	어린 왕자	생텍쥐페리	열린책들
31	독수리의 눈	론 버니	우리교육
32	하늘을 나는 교실	에리히 캐스트너	시공주니어
33	돌도끼에서 우리별 3호까지	전상운	아이세움
34	세포 여행	프랜 보크윌	승산
35	빅뱅 우주는 무엇일까요?	이케우치 사토루	현암사
36	빅뱅 우주는 무엇일까요?	이케우치 사토루	현암사
37	하늘의 법칙을 찾아낸 조선의 과학자들	고진숙	한겨레아이들
38	차차차 부자의 고궁 답사기	차승목	미래M&B
39	어린이 백범일지	장세현	푸른나무
40	고구려 찬란했던 700년 역사	이이화	언어세상
41	천재 장영실이 곤장 80대를 맞은 까닭은?	홍당무	파란자전거
42	다시 쓰는 이야기 세계사 1, 2	호원희	꿈소담이
43	어린이 삼국유사 1, 2	서정오 엮음	현암사
44	황소의 혼을 사로잡는 이중섭	최석태	아이세움
45	조선시대 그림 여행	우문정	대교
46	태양을 훔친 화가 반고흐	염명순	아이세움
47	벽화 속에 살아있는 고구려 이야기	장세현	삼성

<중학교 추천 도서>

학년	책 제목	지은이	출판사
1학년	세계를 건너 너에게 갈게	이꽃님	문학동네
	브라보 마이 라이프	염연화	단비청소년
	어느 날 내가 죽었습니다	이경혜	바람의 아이들
	지독한 장난	이경화	뜨인돌
	어쩌다 중학생 같은 걸 하고 있을까	쿠로노 신이치	뜨인돌
	까칠한 재석이가 사라졌다	고정욱	애플북스
	체리새우: 비밀글입니다	황영미	문학동네
	페인트	이희영	창비
	시간을 파는 상점	김선영	자음과 모음
	아무도 들어 오지 마시오	최나미	사계절
	별 볼 일 있는 녀석들	양호문	자음과모음
	그들이 떨어뜨린 것	이경혜	바람의 아이들
	동물원에 동물이 없다면	노정래	다른
	맹탐정 고민 상담소	이선주	문학동네
	플라스틱 빔보	신현수	자음과 모음
2학년	피그말리온 아이들	구병모	창비
	기억 전달자	로이스 라우리	비룡소
	구름 위 마음이 따뜻해지는 이야기	사에구사 리에코	함께
	알바의 하루	김소연 외	단비
	좀 예민해도 괜찮아	황상민	푸른숲
	옆집 아이 보고서	최고나	한우리 문학
	책가방을 메고 오늘도 괜찮은 척	전진우	팜파스
	달러구트의 꿈 백화점	이미예	팩토리나인
	별을 보내다	대한사회복지회	리즈앤북
	위저드 베이커리	구병모	창비
	비트 키즈	카제노 우시오	창비

학년	책 제목	지은이	출판사
2학년	그날, 고양이가 내게로 왔다	김중미	낮은산
	멧돼지가 살던 별	김선정	문학동네
	가족입니까	김해원 외	바람의 아이들
	우아한 거짓말	김려령	창비
3학년	소년이 온다	한강	창비
	천 개의 공감	김형경	사람풍경
	마션	앤디 위어	RHK
	그럼에도 불구하고	공지영	위즈덤하우스
	열여덟 너의 존재감	박수현	르네상스
	내가 걸은 만큼만 내 인생이다	김여진 외	한겨레 출판
	찬란하지 않아도 괜찮아	까마중	넥서스 Book
	생각한다는 것	고병권	너머학교
	판사 유감	문유석	21세기북스
	나미야 잡화점의 기적	히가시노 게이고	현대문학
	우근이가 사라졌다	송주한	한울림스페셜
	동물원에서 만난 세계사	손주현	라임
	쇼코의 미소	최은영	문학동네
	하이타니 겐지로의 생각들	하이타니 겐지로	양철북
	난민 소녀 리도희	박경희	뜨인돌

<고등학교 추천 도서>

번호	책 제목	지은이	출판사
1	과학혁명의 지배자들	에른스트 페터 피셔	양문
2	발견하는 즐거움	리처드 파인만	승산
3	이기적 유전자	리처드 도킨스	을유문화사
4	(책으로 만든) 환경의 역습	박정훈	김영사
5	가이아의 향기	좌용주	황금북
6	과학 선생님, 프랑스 가다	한문정 외	푸른숲
7	과학상식 148가지	박창수 엮음	인화
8	과학 콘서트	정재승	동아시아
9	교실 밖 세상을 풀어버린 수학	남호영	수학사랑
10	시크릿 하우스	데이비드 보더니스	생각의 나무
11	지구를 살리는 7가지 불가사의한 물건들	존 라이언	그물코
12	재수가 아니라 확률이다	버트 K. 홀랜드	휘슬러
13	침묵의 봄	레이첼 카슨	에코리브르
14	하리하라의 바이오 사이언스	이은희	궁리
15	한번은 꼭 읽어야 할 과학의 역사	존 그리빈	에코리브르
16	내가 유전자 쇼핑으로 태어난 아이라면	정혜경	뜨인돌
17	생명이 있는 것은 다 아름답다	최재천	효형출판
18	플라이 투 더 문	마이클 콜린스	뜨인돌
19	뒷간에서 주웠어 뭘	꿈꾸는 과학	열린과학
20	미적분 7일만에 끝내기	이시야마 타이라	살림
21	도전 무한지식	정재승 외	달
22	부의 미래	앨빈 토플러	청림출판
23	소유냐 존재냐	에리히 프롬	범우사
24	엔트로피	제레미 리프킨	세종연구원
25	(21세기에는 지켜야 할) 자존심	진중권 외	한겨레신문사
26	88만원 세대	우석훈	레디앙

310

번호	책 제목	지은이	출판사
27	내 목은 매우 짧으니 조심해서 자르게	박원순	한겨레신문사
28	당신들의 대한민국	박노자	한겨레신문사
29	대중문화 겉과 속	강준만	인물과 사상사
30	변화하는 세계의 아틀라스	장 크리스토프 빅토르	책과함께
31	세계문화기행	이희수	일빛
32	세상을 변화시킨 열 가지 지리학 아이디어	수잔 핸슨	한울
33	르몽드 세계사	르몽드 디플로마티크	휴머니스트
34	우리 문화의 수수께끼	주강현	한겨레신문사
35	집으로 가는 길	이스마엘 베아	북스코프
36	천년 고도를 걷는 즐거움	이재호	한겨레
37	헌법의 풍경	김두식	교양인
38	(사회 선생님이 들려주는)경제 이야기	전국사회교사모임	인물과 사상
39	(만화)팔레스타인	조 사코	글논그림밭
40	동에 번쩍 서에 번쩍 우리나라 지리 이야기	조지욱	사계절
41	녹색 시민 구보씨의 하루	존 라이언 외	그물코
42	신의 나라 인간의 나라	이원복	두산동아
43	십시일反	박재동 외	창비
44	왜 세계의 절반은 굶주리는가?	장 지글러	갈라파고스
45	정갑영 교수의 재미있는 경제	정갑영	두산동아
46	청소년 경제 수첩	크리스티아네 오퍼만	양철북
47	미학 오딧세이	진중권	휴머니스트
48	달리, 나는 천재다	살바도로 달리	다빈치
49	디자인이 만든 세상	헨리 패트로스키	생각의나무
50	딸과 함께 떠나는 건축 여행	이용재	멘토프레스
51	세계 명화 속 숨은 그림 읽기	파트릭 데 링크	마로니에북스
52	손안의 박물관	이광표	효형출판
53	옛 그림 읽기의 즐거움	오주석	솔

번호	책 제목	지은이	출판사
54	우리 옛 건축과 서양 건축의 만남	임석재	대원사
55	박종호에게 오페라를 묻다	박종호	시공사
56	사랑한다면 그림을 보여줘	공주형	학고재
57	음악가를 알면 클래식이 들린다	신동헌	서울미디어
58	이 PD의 뮤지컬 쇼쇼쇼	이지원	삼성
59	세계사 편력	J. 네루	일빛
60	개념어 사전	남경태	들녘
61	세계의 교양을 읽는다	최병권	휴머니스트
62	종횡무진 서양사	남경태	그린비
63	철학의 진리 나무	안광복	궁리
64	청소년을 위한 이야기 윤리학	페르난도 사바테르	웅진닷컴
65	영화 속 지형 이야기	양희경, 장연진	푸른길
66	한국의 교양을 읽는다	김용석 외	휴머니스트
67	열다섯 살 하영이의 스웨덴 학교 이야기	이하영	양철북
68	80일간의 세계 문화기행	이희수	청아
69	고전 소설 속 역사 여행	신병주, 노대환	돌베개
70	광장	최인훈	문학과 지성사
71	난장이가 쏘아올린 작은 공	조세희	이성과 힘
72	국사 시간에 세계사 공부하기	김정환	웅진주니어
73	국어 실력이 밥 먹여준다	김경원	유토피아
74	지하철 史호선	강응천	효형
75	그리스 로마신화	토머스 불핀치	범우사
76	내 머리로 생각하는 역사 이야기	유시민	푸른나무
77	대한민국사	한홍구	한겨레신문사
78	데미안	헤르만 헤세	민음사
79	동물농장	조지 오웰	민음사
80	동양철학 에세이	김교빈	동녘

번호	책 제목	지은이	출판사
81	마음 알기 자기 알기	이남희	실천문학
82	멋진 신세계	올더스 헉슬리	문예출판사
83	사랑과 연애의 달인, 호모에로스	고미숙	그린비
84	새로 읽는 삼국사기	김부식	동방미디어
85	신경림의 시인을 찾아서	신경림	우리교육
86	우리말이 아파요	박용찬	해냄
87	유토피아	토머스 모어	서해문집
88	청년의사 장기려	손홍규	다산책방
89	지식 e 1~10	EBS	북하우스
90	청소년을 위한 삼국유사	일연	서해문집
91	토지	박경리	나남
92	열혈 수탉 분투기	창신강	푸른숲
93	(새롭게 쏜) 5교시 국사 시간	윤종배	역사넷
94	남쪽으로 튀어	오쿠다 히데오	은행나무
95	19세	이순원	세계사
96	문학의 숲을 거닐다	장영희	샘터사
97	부키 전문직 리포트 1~24	정은숙 외	부키
98	완득이	김려령	창비
99	철학 통조림	김용규	주니어 김영사
100	한국 생활사 박물관 1~12	한국생활사박물관 편찬위원회	사계절

예문 출처 및 참고 문헌

22p_「어느 노예의 눈물」_ 헤겔, 2016,『정신현상학』, 동서문화사

106p_ 하이쿠「모기에게 물리다니」_ 류시화, 2000,『한 줄도 너무 길다』, 이레

120p_「간디와 신발」_ 편집팀 기자, cnbNEWS, 2006.07.23

130p_「인생의 지혜로서의 독서」_ 이희승, 2017,『이희승 수필 선집』, 지식을만드는지식

137p_ 민태윤,「하늘」

169p_ 현진건, 2008,『운수 좋은 날』, 문학과지성사

170p_ 하이쿠「은어」_ 류시화, 2000,『한 줄도 너무 길다』, 이레

179p_ 민태윤,「봄 10」

181p_ 아리스토텔레스, 2017,『시학』, 숲

182p_ 민태윤,「탄 선생의 매·난·국·죽」

186p_「두더지와 지렁이 이야기」_ 고이즈미 요시히로, 2019,『답은 나에게 있어!』, 김
    지룡 역, 들녘

191p_ 민태윤,「자녀의 조기 교육」

국어교육위원회, 1992,『글쓰기와 삶』, 연세대학교출판부

김은하, 2014,『독서교육, 어떻게 할까?』, 학교도서관저널

노명완 외, 2012, 『국어교육학 개론』, 삼지원

린다 플라워, 1998, 『글쓰기의 문제 해결 전략』, 원진숙 역, 동문선

민성원, 2020, 『초등 국어 뿌리 공부법』, 다산에듀

박희병, 2013, 『선인들의 공부법』, 창작과 비평사

배혜림, 2021, 『진짜 초등 국어 공부법』, 마더북스

사이토 다카시, 2015, 『독서는 절대 나를 배신하지 않는다』, 걷는나무

스즈키 코지, 2016, 『공부는 왜 하는가』, 양옥관 역, 일토

야마구치 마유, 2015, 『7번 읽기 공부법』, 위즈덤하우스

윤재근, 1996, 『문화전쟁』, 한국문학도서관

이경화, 2010, 『읽기 교육의 원리와 방법』, 박이정

이시형, 2009, 『공부하는 독종이 살아남는다』, 중앙북스

이신애, 2012, 『잠수네 아이들의 소문난 교육로드맵』, 알에이치코리아

이주연, 2017, 『10분 몰입 공부법』, 이너북

전도근·김설화, 2013, 『국어 자기주도학습 지도 전략 : 초등학교 편』, 학지사

최미숙 외, 2014, 『국어 교육의 이해』, 사회 평론

카톨릭대학교 우석독서교육연구, 2008, 『(엄마가 꼭 봐야 할)독서 지도의 정석』, 글로연

한국독서철학교육연구소, 2015, 『명문대 입학을 위한 중학생 공부 비법』, 세종미디어

한미화, 2019, 『아홉 살 독서 수업』, 어크로스

한철우 외, 2017, 『독서와 문법』, 교학사

황농문, 2013, 『공부하는 힘』, 위즈덤하우스

EBS 공부 연구팀, 2016, 『EBS 공부 특강』, 비아북

EBS교육방송 편집부, 2019, 『EBS 국어 독해의 원리 고등 독서』, EBS한국교육방송공사

J.W.IRWIN, 2003, 『독서지도론』, 천경록 역, 박이정

국어 1등급의 비밀

초판 1쇄 발행 2022년 5월 30일
초판 2쇄 발행 2022년 7월 15일

지은이 민태윤
펴낸이 하인숙

기획총괄 김현종
책임편집 박지예
디자인 표지 forb.studio 본문 김정연

펴낸곳 ㈜더블북코리아
출판등록 2009년 4월 13일 제2009-000020호
주소 서울시 양천구 목동서로 77 현대월드타워 1713호
전화 02-2061-0765 팩스 02-2061-0766
블로그 https://blog.naver.com/doublebook
인스타그램 @doublebook_pub
포스트 post.naver.com/doublebook
페이스북 www.facebook.com/doublebook1
이메일 doublebook@naver.com

ⓒ 민태윤 2022
ISBN 979-11-91194-60-9 (03370)